毕业三年

从0到100万

打造在合适的时间节点上赚到足够的财富的能力

钱伯鑫◎著

江苏人民出版社

图书在版编目（CIP）数据

毕业三年　从 0 到 100 万 / 钱伯鑫著 . -- 南京：江苏
人民出版社，2016.6
ISBN 978-7-214-17742-1

Ⅰ . ①毕… Ⅱ . ①钱… Ⅲ . ①私人投资—通俗读
物 Ⅳ . ① F830.59-49

中国版本图书馆 CIP 数据核字（2016）第 098438 号

书　　　名	毕业三年　从 0 到 100 万	
著　　　者	钱伯鑫	
责 任 编 辑	朱　超	
装 帧 设 计	异一设计	
版 式 设 计	张文艺	
出 版 发 行	凤凰出版传媒股份有限公司	
	江苏人民出版社	
出版社地址	南京市湖南路1号A楼，邮编：210009	
出版社网址	http://www.jspph.com	
	http://jsrmcbs.tmall.com	
经　　　销	凤凰出版传媒股份有限公司	
印　　　刷	北京中印联印务有限公司	
开　　　本	718毫米 ×1000毫米 1/16	
印　　　张	14	
字　　　数	206 千字	
版　　　次	2016 年 10 月第 1 版　2016 年 10 月第 1 次印刷	
标 准 书 号	ISBN 978-7-214-17742-1	
定　　　价	38.00元	

闯荡多年，现在开始摆脱穷酸

不得不承认，钱，是个好东西。

钱能给我们带来体面的生活，帮我们守护健康，能给男人带来无上的尊严，能给女人带来用不完的安全感，能引来荣耀，能帮助我们做善事。

钱不是万能的，但没钱，真的是不行的。

同时，我们又不得不承认，赚钱真的好难。

作为平民一枚，没背景、没资产、没门道、没学历、没人脉……太多的没有，赚钱也就成了遥不可及的事。

这些年，你日日夜夜都想暴富，但一直苦于找不到门路。打工多年，依旧一贫如洗，大城市白领，听上去光鲜，其实生活也不是多么阔绰，月薪万八千的工资，抛去房租，除日常花销，要没有信用卡支撑，面子上恐怕早就挂不住了，其中的无奈你懂得。

让人震惊的是，初中没念完的那个"童鞋"早就身价好几百万了；高中总逃学的那个"孩纸"，资产快过亿了；大学总是补考的那个小子，已经是上市公司的老总了；单位职称和工资都不如我高的那个家伙，车已经换了好几辆了……最受不了的是，就连邻居家拾荒的大叔，小区捡垃圾的大妈，都比你资产多！

而你，虽说不是名门之后，但也是名校之子，为什么单单你一贫如洗、两袖"清风"？你既比不上史玉柱，也拼不过拾荒的大叔！

这是为什么呢？作为智商尚可学历不错的平民子弟，在何处才能找到赚钱致富的良方？

海阔凭鱼跃，天高任鸟飞。在无背景无资历的情况下怎样利用自身的优势地位很快地发财致富，寻找生活中点滴赚钱妙招正是本书的宗旨所在。一旦你汲取了本书的精髓，你会发现赚钱一点都不难，闪富仅在一念之间。

几天前，我曾遇到一位商场得意的朋友。此人年龄不过二十出头，却拥有千万资产，闲暇时，谈到赚钱的事，他说："赚钱是件很简单的事，遍地都是钱，就看你会不会捡。"

我说："不是会不会捡的问题，我根本没看见地上有钱。"

他打趣道："地上的垃圾就是钱，难道你看不见？"

"呵，捡垃圾呀！"我不以为然。

"你要是自命清高的话，就不用指望发财了！"他说，"当然，凭你现在的条件也没有必要从捡垃圾起步。你可以选择一个较高的平台。"

那你说说我该寻找什么样的平台？

你现在的平台就不错啊，你可以坚持写作，全身心投入，小说、剧本、歌词都行。不用十年磨一剑，坚持个三年，你一定可以身价百万。还有，你还可以成立个文化公司，要不多少钱的，其中门道，你懂得。好好运作，两三年下来，你的经济状况一定有所改观。

他坦率地向我指出："你之所以赚不到钱，有两个原因：一是你对钱的欲望还不够强烈；二是你还没有全身心投入。世上没有白吃的午餐，若想不劳心费力就发财，是不可能的。"此可谓一语中的，使我如梦初醒：

穷根都生在自己身上，这个穷根，就是你对金钱不够思念。

遍地是黄金，想创富，你的头脑就是最好最根本的资源。

真的没有必要怨天尤人。那么，我们现在面临两种选择：要么安贫乐道，从此息了尘心；要么大干一场，挖掉穷根。

这位先生还认为，现在想赚钱而不得其法的人很多，劝我写一本这方面的书。我觉得这是个好主意，毕竟财富是美好的，赚钱是件无尚光荣的事儿。

出于对彼此的尊重，在此先郑重声明：

对赚钱的欲望不够强烈的人不用看此书。你不想钱，钱也不会想你。欲望不强的人，不可能全身心投入，就算买了本书，也只能瞧瞧热闹，不会改善钱包的状况。就像不爱习武的人一样，即使《九阴真经》摆在面前，也成不了武林高手。

不够投入的人也不要看此书，方法本身不能带来财富，需要行动来支撑。即使是空手套白狼的发财之道，也要缜密地思考，步步为营地运作。不够投入，心猿意马，三分钟热度，连一壶水都烧不开，何况赚钱这么辛苦的事呢？

为什么卡内基能以周薪2.5美元的报酬跻身亿万富豪的行列？

为什么希尔顿能以5000美元缔造出希尔顿帝国的真实神话？

为什么张宏伟以700元起家就能发展成一个总资产超过15亿的企业集团？

为什么史玉柱以4000元的资本金运作成市值达42亿美元的网络集团，身价也因之突破500亿元？

为什么……

不是因为他们比你学历高，不是比你家世更好，不是比你所处的时代更美妙，不是比你的资源可靠，只是因为他们对金钱有近乎疯狂一样的企图心，全身心投入，坚持不懈。亿万富翁的所谓财富神话就这样不知不觉顺理成章地生成了。

你要知道，这些响当当的富豪阔佬们和你站在同一起跑线上，你的今天，是他们的昨天，而他们的今天，是不是你的明天，全仰仗你够不够积极，够不够投入，够不够坚持。欲念够强，方向够准，方法得当，赚钱一点都不难！挖掉穷根，你就是亿万富翁的命。

目录 CONTENTS

第二部曲　方向正确，"矮穷矬"照样登天

第六章　你的兴趣点，通常就是你的"钱眼"

第七章　耽误你的时间，就是阻止你挣钱

第三部曲　方法精准，变身富豪一点不难

第八章　不会理财，钱赚再多也白搭

第九章　靠死工资发不了大财，搞点副业吧

第十章　开公司吧，趁早种一棵摇钱树

赚钱这事不能等，三年必须的，否则黄花菜都凉了

我们生活在商品社会，金钱是生活的必需品：

钱是男人的胆；

钱是女人的脸；

钱是生命的根；

钱是婚姻的伞；

钱是爱情的火；

钱是自由的锁。

没有钱的生活真是寸步难行。

活着，就是要有钱，就是要做有钱的自己。

来大城市，就是要大把大把地赚钱

1 赚钱与学历统统无关，二流院校和"烂"专业的"屌丝"照样能发家，小学毕业卖"梳子"也能卖到6个亿！

毕业三年，是个坎儿，80%以上的年轻人都处在这个阶段，他们怀揣着梦想，又找不到方向；放不下壮志，找不到豪情。仿佛自己的"烂"出身、"孬"学校、"破"专业，成了令自己永世不得翻身的摆不脱的魔咒。同时毕业三年，在社会上有一定打拼经验、专业经验，这时候正好是你发挥赚钱的时候了。

你翻开成功企业家成长背景或者名人传记，他们曾经和你站在同一个起跑线上，他们的出身并不比你显赫，他们的学历并不比你高很多，他们的专业也不比你火。

2006年的"赢在中国"最后的那场节目中张瑞敏也表达过同样的意思。从很多很多的成功人士背后的故事，可以总结出三点：

第一，成功的人也是平凡的人；第二，企业家的成功与学历无关；第三，企业界的成功和性格有关，他们的个性、人品决定了他是否能够成功。

　　就以你们顶礼膜拜的"马云们"来说吧，马云就是杭州师范学院毕业的；马化腾1993年毕业于深圳大学计算机专业，这当然也不是名校，当年的他，在一些中小公司打工，最多只能算做深圳的边缘人；丁磊本科毕业于中国电子科技大，比清华也差远了；红星美凯龙的车建新是个小木匠出身，波司登的高德康是做裁缝出身。尤其是马云，在一个个有海外名校背景的IT者中横扫千军，既没有这些高学历背景，也不是学IT出身，却做出了如此惊人的业绩，着实给草根阶级一个惊喜，一个极大的促进，一个普通人蹦一蹦也许也能够得着的梦想。当然了，也有很多是名校、高学历创业者，比如北大李彦宏，但也不是北大的名牌专业，名为信息管理，其实是原来的图书馆系。比如史玉柱，比如丁磊等等。

　　可见，良好的出身、名校、高学历、热门专业等等这些并不是一个人发家致富的必要条件，甚至有人说，高学历反而是成功的绊脚石，是影响一个人发展和财富积累的"反动"势力，其理由是：学历高的人很好找工作，结果一下就把自己变成了下属；学历高的人喜欢自以为是，不愿再学习，结果知识折旧企业越做越小；学历高的人认为自己很强大，什么事都能搞定，爱雇能力不如自己的人，凡事自己解决。因此他们得出这样的结论：专业无为才能迫使自己大有所为，学校无名才能迫使自己更有名。

　　那么，究竟什么才是青年人改变自己命运的关键要素呢？那就是包括个性和品行在内的性格的力量。我们试着来分析一下大人物们的性格。

第一，他们敢于冒险

　　冒险，在众口一词反对的时候出击、在枪林弹雨中匍匐前进、在黎明前夜独自前行。……在只有百分之六七十把握的时候，他们就出手了。

　　他们有非常清晰的认识，在风云变幻的社会，能够把握的就是自己——自己的能力和自己的性格，能否承受一切打击和失败；能够把握的就是感觉自己的产品有庞大市场空间。不能把握的东西会很多，朋友的自私、亲戚的漠视、同业的竞争打击、社会的歧视等等，都是靠自身力量无法控制和把握的。

第二，他们有远见

远见，在某些人看来就是疯言疯语。有远见的人、能在黑暗中看清北斗星的方向；有远见的人，能在纷乱如麻的现实中找到线索。远见无法解决生存的问题，但一定可以明白自己未来的方向；远见不可能马上起死回生，但有希望实现咸鱼翻身。远见、是一种眼光，远见、是一种性格，远见、是一种勇气，远见、是一种胆识。

有远见的人，不会拘泥与周边环境的鸡毛蒜皮；有远见的人，他们看到的是5年以后或者是10年以后；有远见的人，他们看到的是整个世界；有远见的人，他们愿意为自己的理想抛弃眼前的幸福安康。

有远见的人，暂时可能是困难的，但在未来他们是王者，是领袖！

第三，他们做差异化

差异化，永远都是制胜的法宝。人无差异，无法凸显个性并记忆深刻。物不差异，则无法展示价值份量并实现最高利润。做与他人一样的事情，只能埋没自己的才华。时间的差异、距离的差异、地点的差异、努力的差异、手段的差异、方向的差异……等等，企业家明白差异化是获取利润最大化的最重要手段。

差异化是商业经营的关键要素，差异化是经营人生的必要手段。差异化是获得高额利润、快速制胜、决战商场的最高原则。

所以说，学历和专业不决定成败，尤其不能决定大企业家和大人物的命运。刘项原来不读书、黄光裕初中毕业、比尔盖茨中途退学等等。当然，我们并不是提倡读书无用论，而是要你放下心中的学历和名校崇拜，从实际出发，尽快让自己强大起来。其实文凭不过是一张火车票，只有"软卧"等区别。清华的软卧，本科的硬卧，专科的硬座，民办的站票，成教的在厕所挤着。火车到站，都下车找工作，才发现老板并不太关心你是从哪里来的，只关心你会干什么！成功不过问你是怎么来的，只计较你打算往哪里去！

当年丁磊、周鸿祎、马化腾创业的时候，大都是在28岁左右，如今，移动互联网兴起，新一轮的机会来了，下一个马化腾、另一个马云会是你吗？只要敢想你就能！

毕业3年，再磨磨你的武器，再磨砺你的能力，总结人生经验，忘掉你的非名校非名专业的想法，选择一个行业，吃透它。为自己的第一个100万奋斗。

2 经济拮据，一切情花都会快速凋零

刚毕业时，你认为友情可以地久天长，即使多年不见，再见面时依旧是心心相印的死党。没有贫富和阶层的差异。

刚毕业时，你坚信，爱情的力量可以战胜一切，只要能与所爱的人在一起，你宁愿每天只吃萝卜咸菜，每天挤公交或地铁上班。

现在，毕业有个三五年了吧，当你看到昔日好友混得风生水起，而你捉襟见肘时，你们的友情还是原汁原味吗？当你的女友身边有高帅富紧追不舍，她还会与你对泣牛衣、相敬如宾吗？当你的男友为了加薪升职没命地加班忙不迭地应酬，陪你的时间越来越少时，你的心中充满了悔恨和抱怨吧？

被我说到心坎上了吧？过来人嘛，人情那点事儿咱早体验过千百回了。

经济拮据，一切感情都会变，要么变味儿，要么变质。

丁丁刚刚参加同学聚会回来，毕业五年了，这是第一次聚首。五年的时间，说长不长，说短也不短，可是，他和哥们儿老张之间的心距却很远很远了。

上大学时，丁丁和老张是睡上下铺的兄弟，又是老乡，俩人好得恨不得穿一条裤腿儿。若问好到什么程度，他们为了保持兄弟情谊，连女朋友都没有谈。老张毕业后在家人的安排下进了省城一家国企，混得很不错，现在已成部门领导了。丁丁毕业后，在北京在一家机械类的公司当法务助理，工资不高不低，养活自己没问题，买房遥遥无期，每次回老家被人称为京城白领，都很滴汗。

平时不见面的时候，大家偶尔打个电话，丝毫感觉不出时光的变迁，但真正面对面的时候，才发现了差距是那么那么大，仿佛隔着一颗心的距离。

在参加聚会之前，两人事先通了电话，见了面一定好好叙叙旧，让昨日重现。可是真的回到母校，两人竟连一次好好说话的机会都没有。

因为路上堵车，老张迟到了一刻钟的时间。等他步入会场时，筵席已经开始。还没等到他找到兄弟丁丁，就被一帮人给"劫持"走了。要说这些人大学时也并没说过什么话，只是听说老张是这家知名国企知识产权部主任，想从他那里接一些知识产权的案子而已。做律师的都知道，知识产权的案子可是很赚的哦。

丁丁想，那就吃完饭哥们儿再一起通宵叙旧吧。结果，这边筵席刚毕，老张就被那几个人连拉带拽地"劫持"到KTV唱歌去了。丁丁倒想跟着去来着，可一是对那种场所不感兴趣；二是担心那种地方着实也消费不起，万一自己掏钱埋单存半年的工资也不够这一夜消遣！

第二天，老张又被某当律师的老师安排观光旅游了，晚上喝得酩酊大醉回来，连丁丁是谁都不认识。

那天中午，丁丁就返程了。聚会本来是件高兴的事儿，丁丁却快快地回来了，他觉得和老张是完全不同的圈子，完全不同的生活，即使有机会叙旧，估计也没有多少共同的话题了，想到这里，心里有种说不出的滋味儿，很惆怅。他并不怪老张，说不清怪谁，但心里确实很难过。之前，他一直认为金钱啊地位啊神马的在他们的友情面前，根本不算事儿。可在现实面前，他似乎没有理由再坚持。

随着人生轨迹的发展，每个人都会面临经济上的起起伏伏，当旧日好友彼此的社会地位和经济收入有了悬殊的时候，友谊即使不会变质，但一定会变味儿。

早几年的时候，我和几个要好的朋友也是经济收入差别很大，这倒不是我无力去改变自己的收入水平，着实是因为水瓶座女生对钱不迷恋，没概念，没有兴趣。满足自己的生活需求是没有问题的，但比起那些在社会上有了一定经济和政治地位的朋友，咱的确是实力不行。每次同学朋友来北京，我都尽地主之谊张罗着吃饭，每次大家都不给我掏钱的机会，相反，还会给我带来很多礼物。一开始我接受起来倒也坦然，但后来从大家怜悯的眼神里，我读懂了差距，好像在全国人民的心目中，北漂都是可怜的一族。我很清楚那发端于同学之情的关心，但我不可避免地有种自卑感。若我有车有房，和人家水平相当，大概不会劳同学这样破费咯。

从那后我和大家交往起来开始不自然，长期被人同情的滋味的确不舒服。所以我就开始发奋图强，现在，大家的经济水平差不多在同一个层次上，交往起来很是自然、舒心。

经济基础决定上层建筑是绝对的真理，放到个人身上，那就是说收入决定了一个人的生活模式，而生活模式又决定其志趣爱好、思维习惯等等，所以收入不同的人，到了一定年龄，也就是所谓世界观、人生观、价值观等等个人意识形态开始固化并显性的时候，也就是彼此差异隔阂渐显的时候了，最终成为不同星球的人，共同语言也就所剩无几了。

友情尚且如此，至于爱情，就更不用说了。的确，我们都曾有过那一段纯真岁月，大学时代的我们，会为男友冬夜里一只热腾腾的烤红薯而流泪；会为一条最廉价的围巾而感动，那时的我们不用去想我们要买怎样的汽车住怎样的房子，不用去想明天见客户我穿什么，要不要去买条丝巾配我的套装，我们只需要，只需要和他手拉手在林阴道上漫步一会儿；只需要看见他在寒风中抱着一摞书等你去上晚自习；只需要坐在他的自行车后抱着他的腰哼着《甜蜜蜜》，幸福就会溢满心扉，我们就会满足得不得了。

然而，那个时代已彻底地离我们远去，工作几年后的我们再也不能像大学时一样，把浪漫当作理由，把纯真作为借口，我们不是不食人间烟火的仙子，我们开始像所有的凡夫俗子一样责无旁贷地考虑起自己的名和利，于是我们学会了计算一个月的薪水交完房租水电还可以买几双名牌丝袜；学会了每月要存多少钱以备以后供房子供车。我们要买SK-II的面膜用华伦天奴的手袋；我们希望下了班能够在弥漫着玫瑰花香的家里窝在舒适的沙发中看新买的进口大片……为了这些，身为女孩的我们像男人一样在社会上打拼，每天工作十几个小时，累得像牛一样，周末还要去学英语上MBA考职称。是的，我们现实了、势利了，但，谁又能责怪我们什么？在这个充满竞争，适者生存的社会，不发展壮大，我们如何应对现实的洪流？

虽然，我们也曾感动于中学英语课文中那个美丽的故事：在圣诞夜，贫穷的丈夫当掉了身上唯一值钱的怀表给妻子买了一把漂亮的梳子，而同样贫穷的妻子却卖掉了美丽的长发为丈夫的怀表买了表链。但故事毕竟是故事，我们也无从知道丈夫和妻子在度过一个温暖的夜晚后，第二天面临无米下炊时的窘迫与艰辛。

俗话说："贫贱夫妻百事哀。"试想，当你那如花似玉的脸因缺乏保养而变得枯如树皮；当你曾经细嫩的手因每天洗洗刷刷而红肿粗糙；当你每天在早市上为了一毛两毛而跟菜贩子讨价还价；当你想为自己添件新衣而面对日复一日依旧贫穷的他无法开口时，你还能说"我是幸福的"吗？你还能保持最初的浪漫与温情吗？岁月的风霜会将所有的浪漫与美丽的幻想一点点消磨殆尽，很残酷？但是，这就是生活。谁有本事和生活较劲呢？

不想哀，那就别哀，用财力强大自己。

3 男人有钱，尊严在眼前

在大多数男人眼里，尊严胜过一切，什么都可以不要，但尊严不能丢。

"男人要有钱，尊严在眼前。"此话虽老虽俗，但自有几分道理。男人的尊严是什么？是能够让他每一步都走得昂首挺胸，是能够让他每个角度看来都神采飞扬，还能够让他每一句话都成为一种不可轻易改变的承诺。

当你囊中羞涩的时候，说话的底气都不足，充其量只能捍卫人格最后的尊严，而男子汉大丈夫的豪情无法恣意挥洒。

假如一个男人连一天三顿饭都成问题，谁会在心里敬他如宾？表面上照顾他的情绪和面子就不错了。可以说，金钱是男人能力的象征，更是男人的面子和尊严。囊中羞涩的男人对金钱更敏感，自尊心更强，也更容易受伤。比如他不能随心所欲地送女友或是妻子昂贵的礼物，不能一脸豪气地请她吃大餐，甚至不敢陪她去逛商场，生怕她看上那件比自己一个月工资还贵的裙子……这都会让他感觉没面子。尤其是当女友比自己挣钱多的时候，他更是有无地自容的感觉。没钱，对男人的自尊心简直是致命的伤害。男人的豪气冲天，男人的潇洒大方，都和他钱包里的钱的厚度有着密切的关系。

明义刚刚走出校门，在一个小软件公司做程序开发，头发乱乱的，大T恤和牛仔裤是他一贯的装扮。他的女友丫丫在外企工作，是高级行政职员，每天都是妆容精致，西装套裙。在别人眼里，他们是那么不"般配"。实际上，更加不般配的是他们的工资，明义月薪不到三千，而丫丫月薪八千，还不算奖金。

丫丫穿衣服喜欢穿品牌的，她有时缠着明义让他陪她去买衣服，他看着那标价最便宜的也要两三千一件的衣服，脸色就很不自然。丫丫则大大方方地试了又试，选了一件又一件。他想去给她付钱，可是自己身上的钱加起来也只有几百元，银行卡里也不足2000元，他很尴尬，感觉自己真是无能。

她看出了他的心思，说："没关系，我自己付。"本来是一句无心的话，可是他听了，却愈加的难堪，更窘迫了。她选了一条领带让他看看是否喜欢，他一看标价1600元，死活也不肯要。他看看一身名牌的丫丫，气质高雅，到哪里都引人注目，而自己一身的寒酸，真有点无地自容。

丫丫讲究情调，她喜欢在有轻柔音乐的安静餐厅吃一顿细腻的晚餐来犒劳自己一天的辛苦工作。而明义则不习惯在那样的气氛里吃饭，看着邻桌男人阔绰的行头和滔滔不绝的自信的谈吐，他会不由自主地自卑。从此之后，明义拒绝和丫丫一起去吃所谓的情调晚餐。

后来他约她出来说："我们分手吧，我不能给你想要的生活。"

丫丫哭了："我以后不再去那种地方买衣服了，也不再让你陪我去吃什么情调晚餐了，请你不要离开我，好吗？"但是明义还是头也不回地走了。他说：因为爱情，所以离开。

并不是爱情变得世俗了，而是男人的自尊被瘪瘪的钱包击碎了，当一个男人感觉自己在女人面前没了尊严，他又如何去爱她？即便她能接受他的贫穷，他自己也是不能容忍他的贫穷的，因为在许多男人的世界里，面子重于一切，尊严是一切的保障。尤其是对于一个成了家的男人，丰裕的财富更是获得尊重的必要条件。在传统的家庭里，男人是家庭的顶梁柱，是振兴家业的主干。有钱，可以让自己的父母妻儿无忧无虑地享受生活，有钱可以让孩子接受更好的教育。否则，让妻儿老小跟着你受苦，即使他们不说你什么，那种困穷的生活足以让你羞愧难当。

金先生因为前几年做生意连连失败，就选择了回归公司上班，工作是安稳了，挣的钱却少多了，每个月3000元的工资光是付房贷就要2000元，生活中的其他开销多半都要靠妻子的那份工资来支撑。每每遇到要花钱的事情，妻子就不给他好脸色，而且经常抱怨"跟他结婚真是倒了八辈子霉"。搞得他因为怕妻子说他浪费，连多年的烟瘾都狠心戒了。在父母和孩子面前，他更是内疚，父母的那点退休金经常要拿来补贴家用，女儿想要的玩具很少得到满足。为此，年事已高的父母也总是不经意地在他面前叹气，不懂事的女儿在对他的言语中总隐藏着丝丝怨恨。金先生表示这一切都是因为自己没有赚得足够的钱来改善家人的生活所造成的，他感觉自己在家中已经失去了男人应有的尊严。

钱终究不是省出来的，金先生决定重新开始自己的事业，考虑到他在饭店工作了五六年，而且他的老家是湖南的，湖南风味的菜很受欢迎，他就决定开一家湘菜馆。他资金不多，正好有个朋友也在找投资项目，两人一拍即合，然后是找位置，找房子，装修，他又回老家请了两位厨师。饭店试营业，反响不错，半年就收回了成本，头一年就赚了20多万。

三年后，金先生和他的合伙人又在别处开了一家分店，生意异常红火。他不仅提前付清了房款，还送给妻子一辆跑车作为生日礼物，给父母另外买了一套两室一厅的房子让其安享晚年，把女儿送进当地最好的学校。从此，他又恢复了好爸爸、好丈夫、好儿子的形象。

面子是自己挣的，不是别人给的。一个没有能力照顾好父母妻儿的男人，绝对不是一个好男人。然而，照顾好父母妻儿并不像说几句温柔体贴的话那么简单，你必须有实实在在的物质给予，显然这些离不开金钱。

在这个物欲横流的年代，一个人贫穷就会被视为无能。某种程度上，让一个男人腰杆笔直，感受到做男人的尊严，不是他高大的身躯、帅气的外貌，或是有钱的父母，而是自己鼓鼓的钱包。男人没有钱，他可能会失去很多证明自己的机会。试问，有多少人会发自内心地尊重一个没钱的、失去尊严的男人？

男人要想改变自己的命运，提高自己在社会上的地位，获得别人的尊敬，就得做出一定的成绩，赚到足够的钱，获得社会认可。

临渊羡鱼不如退而结网，为了男人的那份尊严，为了自己和家人过上幸福的日子，男人们努力赚钱吧！

4 女人有钱，安全感用不完

大多数女人，都是天生缺乏安全感的猫。

现如今，女人这只猫的安全感来自哪里？

关于这，我想说的是：口袋里钞票的厚度，很可能决定你安全感的厚度，以及幸福指数。

"白头偕老"已经快要成为神话的现代社会，女人拥有一张长期饭票的几率越来越低，当婚姻破碎了，金钱纠纷很容易导致男女双方恶言相向，对薄公堂，女人很可能成为受害者。

即使婚姻幸福的女人，也有可能单独面对现实人生，因为妇女普遍比男性长寿八到十岁，年轻守寡的事也时有所闻。

在职场上，女性普遍比男性处于劣势，女性收入普遍比男性低，即使同工也不同酬，女性换工作的频率也比男性高，公司裁员多半先裁掉女性员工，显然，女性比男性更容易失业，失去经济的保障。

年轻的时候，女人觉得这一天永远不会来临，总是很乐观的认为"车到山前就有路"。女人总是逃避现实，缺乏居安思危的观念，不愿意去想倒霉的事，等到问题发生了才慌了神，焦头烂额、四下求助。其实，女人如果尽早学会理财，有金钱垫底，命运什么时候都可以掌握在自己手中的。

(1) 女人没钱，活得确实很尴尬

有一个来自偏僻闭塞的农村女孩，五年前在一座城市打工，期间认识了现在的丈夫。一年后他们结婚，虽然贫穷却还算甜蜜。不久后，丈夫下海经商，经过四年的摸爬滚打，最后有了自己的公司，日子好过了起来，这时，儿子也降生了。按常理，一家三口应该安享幸福。可是，不久她不经意间发现自己的丈夫有了外遇。一气之下她和丈夫大吵了一架，满腹委屈的她希望用离婚的方式来结束这段已经没有爱的婚姻，可是丈夫并不同意离婚。她真想一走了之，这样的生活她一天都不想过。可是自己却迟迟下不了决定。朋友问她为什么？她说："孩子还小，想让孩子有个良好的生长环境"。朋友说，离婚后同样可以照顾好孩子啊！谁料这位女士却大哭了起来，她说，我没有工作，只在家里做家务，离婚后没有生活来源，无法抚养孩子，更别说教育了……

有个阿姨，前不久离婚了。离婚后她度日艰难，常会为付不起水电费等账单而发愁。原来，在20年的婚姻生活中，她没有任何积蓄。

以上这两位女性都是经历了不幸的婚姻，失去了一切，最可怕的是他们还是在中年遭遇了这样的尴尬。

(2) 女人有钱，活得才牛气

记得在一本书里看过。笔者是一位女性，她的父亲曾教她如何当一个女人。她被带到高级俱乐部，去看那些女人如何和她的父亲相处。最后，她结婚了。他的另一半没有情妇，只有她一个女人。她学了什么？

她学会了如何打高尔夫，如何评鉴美酒；她懂得了温柔聆听；她学会了表达自己的意见、学会了摄影、学会了舞蹈、学会让自己高贵美丽、学会经营自己的事业。

她不取悦男人，但男人喜欢她。她不是情妇，却叫人难忘。女人，经营自己，男人就不可能另结新欢。

由此可见，女性保持经济上的富足是多么的重要。经济上的独立和物质上的丰裕虽然不是女性生活的全部，但不可否认它们是女性自我保护，获得安全感的重要前提。前一阵子，《女人要有钱》这本书卖到缺货，不仅女人在看，男性读者也十分关注，作者是美国主妇茉蒂·瑞斯尼克，她强调："女人要青春，要美丽，要遇见好男人，更要有钱才会幸福。"女人从来不替自己的未来生活做打算是很危险的事。

作者在书中一再强调："聪明的女性寻觅的是一个温馨和充满关怀的伴侣，而不是长期饭票。"她说：女性必须认识到，白马王子早在50年代就绝迹了，而且职场不是一个公平竞争的地方，如果女人完全依赖别人，可能导致个人健康和财富的损失。

茱蒂说：女人应该尽早开始投资和储蓄，起步越早成功的几率越大，越年轻开始充实这方面的常识越有利，在能力范围内牺牲物质享受，学习精打细算，为未来做准备，不甘于贫穷，才能拥有真正的自由，当然，绝对不可为了金钱而不择手段。

高职毕业的台湾地区名媛何丽玲，曾经在一次访谈中说："我很小就明白，美貌和理财是女人一生最重要的事"，她提到她的祖母告诉她："女人读书成绩差一点没关系，但是一定要懂得理财。"她在八岁时，祖母就开始训练她理财观，丢给她一本账簿，教她如何记账，账本里有两百多个互助会名单，这个小学二年级的小女生，开始跨出理财的第一步。

何丽玲也说过一句发人深省的话："女人能年轻多久？可以无忧无虑多久？身为依赖成习的女性，有时候我们该思考，如果有一天发生意外状况，我有没有能力自给自足？总有一天我们必须靠自己想办法过日子，只有自己才能保障自己的未来。"因此，女人要有钱，并不是要追求享乐，而是捍卫生命的尊严，保持人格的独立，活出自己。

5 到底需要多少钱，才能活得比较体面

要知道我们每一个人来到这个世界上，最多也不过百年，到底需要多少钱，才能活得比较体面，人前人后信心满满？

无论你有没有商业头脑，喜欢不喜欢做生意，只要你活着，有一笔生意你逃脱不了，必须得做，这笔生意就是：你的一生将怎样付出，你会得到什么？如果人一生中为别人打工的报酬大于你的基本费用，这笔最大的生意你就算赢了，如果报酬远远不够基本费用，这笔最大的生意你就赔了。

让我们细算一下人的一生需要多少钱。假如你想过得光鲜亮丽一点，这是许多人的追求，你的生活开支预算为——

房子　人们真正向往的房子叫别墅，面积不能太小、环境不能太差，$300m^2 \times 7000元/m^2 = 210万元$

车子　名车，但也不能太侈奢，一辈子不能只开一辆，算四辆，$30万元/辆 \times 4辆 = 120万元$

父母　爱是一种行为，父母的衣食住行健康保障$2000元/月 \times 12个月 \times 30年 = 72万元$

孩子　孩子的教育和生活费用，从0岁到25岁　$2万元/年 \times 25万元 = 50万元$

生活　一个中产阶层的家庭开支，保守点估算　$5000元/月 \times 12个月 \times 50年 = 300万元$

保障　根据理财师的建议，人的一生投资30万元保障额度即可　$30万元 \times 3人 = 90万元$

兴趣爱好　收藏爱好者不算在内，以多数人的旅游爱好为例预算　$3万元/年 \times 50年 = 150万元$

投资存款　保持理想的状态，这笔钱不算多也不算太少　100万元

合计　1090万元

啊！简直是天文数字啊！如果你想过上理想的上流社会生活，这笔钱真的是必须的，如果你还有50年创造财富的时间，每年你至少要赚得20万元，才能达到这个标准。所以，从今天起你就有必要为自己的美好人生做一个切实的规划和行动，以确保你的生活品质。

也许这个天文数字吓怕了你，你还是选择了平平淡淡过一生，然而，即使是普通工薪族的生活预算，算出来恐怕也会吓到你：

房子　中等城市普通的地理位置20万元还能买一套，=20万元

车子 油钱太贵，买起也用不起，坐公交，还有更环保的电动自行车，x元

父母 穷自己不能穷父母，月标准低一些 400元/月×12个月×30年=14.4万元

孩子 上普通幼儿园、上普通小学、中学，普通大学，预算也不会低于20万元=20万元

生活 柴米油盐，衣食住行的基本开支1000元/月×12个月×50年=60万元

保障 人一辈子没有意外是运气，没有病，不可能，准备些以解燃眉之急=10万元

兴趣爱好 大众娱乐不作预算0元

合计 124.4万元

这些开支已经120万元之多，还不包括人情礼节、婚丧嫁娶的开销。

现在我们再花一点时间，共同算一下，一个普通打工的人一生中的收入，人一般在20岁～70岁之间50年的时间创造财富。我们先不考虑未来物价的上涨，也不考虑工资今后会不会增加，我们就以现在一个中等城市工薪族平均的工资为例，来算一下一个打工者这辈子的收入是多少。

一般普通工薪族的月平均工资，我们先定为1500元，那在50年的时间里，你的收入是1500元/月×12个月×50年=90万元。一般情况下这就是一个普通工薪族一生的收入！如果这些钱人家一下子都给你，还可以做点大事，可让人无奈的是，人家每个月给你一点点，这样的生活充其量只能叫温饱。

我们每个人都将面对未来的挑战，一切都在变，如果我们的思想观念不能适应社会的发展，那么明天，我们的一切就将被残酷地留在失败的今天。

认识了这一点，如何把这人生这笔不得不做的大生意做好？你当务之急是要学会规划，从毕业甚至是没有毕业的时候起，你就该问自己这样一个问题：

我要过什么样的生活？我将如何实现这个目标？

不管你是创业者还是普通的打工族都应该给自己订个目标。目标可以是长期的，也可以是阶段性的。长期目标比如三年或五年规划，三五年后我要达

成什么愿望？阶段性目标可以半年或一年为期限，比如我今年一年要挣到5000元，并且要以每年20%的速度递增。我今年要把会计证考下来，我的工作上要有什么改变等等。

我们都是凡人，所以目标也要切实可行，别太虚了，目标是自己的不是给外人看的。

如果你的人生没有规划，那么，毕业后这5年里的迷茫，会造成10年后的恐慌，20年后的挣扎，甚至一辈子的平庸。如果不能在毕业这5年尽快冲出困惑、走出迷雾，你实在是无颜面对10年后、20年后的自己。

"我有能力实现自己的目标吗？"这个问题可能最为致命，事实上，正是由于很多人没有客观正确认识到自己的能力，不自信，而导致目标的失败。只要你的目标是根据自有资源、个人的能力以及目标的实际性这三个方面进行评估后坦诚做出的，你只管大胆地去践行就是了，不必怀疑。当你实现目标的时候，你的自信心将极大地增强，以后的你会更强。那时候的你，已经进入了规划人生、计划成长的良性循环，无论你要的是什么，都可以用一年、三年、五年、十年达成，同时拥有美丽自信，家庭和谐，人际关系，学习成长，财务独立，健康休闲，成就荣耀，身心合一，这种对生命平衡的掌控真是太棒了！

奋斗好几年，缘何照旧穷酸

1 命苦啊命苦，怨天怨地不能怨命运

几乎每次坐公交出门，我都能听到这样的话："起得比鸡早，睡得比狗晚，干得比驴多，吃得比猪差。""这个世界上，有钱的人很多，没钱的人更多，而我就是其中最倒霉的一个。"这是很多刚毕业不久的年轻人喜欢用来调侃自己生活状态的话。听得多了，分析多了，现在我基本上可以认定：这些人之所以混到现在还买不起辆小QQ，在郊区租房，可能是抱怨太多了。

有位哲人说："这个世界上最多的'东西'不外乎两种：穷人和抱怨，而且两者之间存在着鸡和蛋的关系——贫穷（抱怨）孕育了抱怨（贫穷），抱怨（贫穷）又孵化了贫穷（抱怨）。人们越穷越抱怨，越抱怨越穷。"

这话尽管有些偏颇，但贫穷和抱怨的关系确实非常密切，抱怨是最大的穷根，在任何一个国家，这都是事实——富人总是在致力于解决问题，而穷人则是忙着抱怨。

今年刚满30岁的苏珊是美国一家化妆品公司的创办人。小时候，她和奶奶一起生活在乡下。奶奶开了一个小杂货店，为人和和气气，邻居们都喜欢和她聊天。每当那些喜欢抱怨、爱发牢骚的邻居到商店买东西时，奶奶总是会把苏珊拉到身边，让她仔细聆听自己和邻居的对话。

有一次，邻居爱普生来买香烟。奶奶问他："今天怎么样啊，爱普生老兄？"

爱普生长叹一声说道："唉，今天不怎么样啊，哈德森大姐。你看看，这天气这么热，气死人了。这种鬼天气，真要命啊！"

奶奶一边给他拿香烟，一边附和着说："是啊，是啊！嗯，嗯……"一直抱怨了十多分钟，爱普生才离开了小店。

又有一次，邻居汤姆一进店门就向奶奶抱怨道："哈德森大姐，真是气死我了！我再也不想干犁地这活儿了！尘土飞扬不说，驴子还不听使唤。我真是干够了！你看看我的腿、脚，还有手、眼睛、鼻子，到处都是尘土，我真是干够了！"

奶奶仍然是那副老样子，一边给他拿东西，一边附和着说："是啊，是啊！嗯，嗯……"

等汤姆发完了牢骚离开小店，奶奶把苏珊拉到身前，问她："孩子，你听到这些喜欢抱怨的人说的话了吗？"苏珊点点头。奶奶接着说："孩子，在每个夜晚都会有一些人——不管是白人还是黑人，不管是富人还是穷人——酣然入睡但是再也不会醒来。那些与世长辞的人，睡觉时不会感到暖和的被窝已变成冰冷的灵柩，身上的羊毛毯已变成裹尸布，他们再也不能为天气热或驴子不听话而唠叨一分钟。孩子，你要记住：不要抱怨，因为抱怨不能解决任何问题。如果你对现状不满意，那你就设法去改变它。如果改变不了，那就改变你的心态去面对这些问题，但你一定不要去抱怨什么。"

长大后，苏珊牢记着奶奶的话，无论遭遇多大的挫折，她也从未抱怨过什么，最终靠自己的勤奋和智慧打拼出了一片天地，成了业界有名的女强人。

其实，我们与文中的爱普生和汤姆何其相似，相信大多数人都能在他们身上找到自己的影子。尤其是在崇尚言论自由的当今社会，几乎所有的机构、大小组织，到处都是盈耳的抱怨——抱怨没生在富贵之家；抱怨没长在欧美发达国家；抱怨没考上好大学；抱怨工作不好；抱怨上司太苛刻；抱怨下属不听话；抱怨经济不景气；抱怨生活不美满；抱怨相貌不如意……但凡让他看着不顺眼的想着心里不痛快的，统统批判个遍，甚至于面试那天天气不好都能让他陷入长时间的烦恼，沉浸于懊恼和悲伤中不能自拔。可以说，这个世界的方方面面，无不处在人们抱怨的声音里。然而事实却是，抱怨根本解决不了任何问题。抱怨只会加深失败和贫穷，试问，天下虽大，谁又能靠抱怨成为成功人士？大部分成功人士，他们的起跑线可能比你还要落后，但他们都靠着自身的努力拼搏改变了命运。

相反，抱怨反而会把问题带向更加复杂、悲剧的一面，给我们带来诸多负面影响。

首先，抱怨会破坏我们原本积极的潜意识。曾经抱怨过的朋友都知道，只要我们的头脑中一有抱怨的意识，我们立即就会停下或者放慢手中的工作，为自己鸣不平、喊不幸，甚至不顾一切地讨个公道。如果得不到他们想要的结果，不是大骂世间不公，就是哀叹老天无眼。一旦陷入这种消极的思维，就不会再有进取之心，久而久之，斗志丧失殆尽，除了抱怨，就是哀叹。

其次，抱怨让你放弃自己的担当。每个人都应该有所担当，成为自己生活的第一负责人。因为生活是你自己经历的。而那些抱怨工作不好、挣不到大钱的人，他们的态度就像社会欠他们一份工作、国家欠他们万贯家财一样。他们总以为，政府或公司必须为他们的困苦负责任，从不想着自己奋斗一番。

再次，抱怨会破坏人际关系。没有人会喜欢一个消极、负面的人，更没有人愿意忍受你的牢骚和坏脾气。不满的情绪，必然会破坏内心的平静，进而影响个人工作，甚至整个团队，接下来可能会带来更多的被抱怨和相互抱怨，甚至成为致祸的根源。俗话说："病从口入，祸从口出。"古往今来，因为不能管住自己的嘴巴，导致穷困潦倒身败名裂，甚至为此丢掉性命的人数不胜数。当今社会我们虽然不可能因为抱怨几声就掉了脑袋，但是因为抱怨丢掉工作、丢掉人脉、招致贫穷的例子却比比皆是。

天气绝对不会因为你抱怨而转凉，驴子也不会因为你发牢骚而变得听话些，金钱也不会因为你的抱怨而自动涌向你。既然如此，你又何必抱怨呢？这是发泄最拙劣的手段。面对贫穷和不幸，唯一的办法就是学会改变。你要记住的是：

(1) 贫穷永远是自己的错。

(2) 自食其力远胜过无所事事。

(3) 从最底层做起，也可能爬到最高处。

2 买房买房，一套房子断送一生梦想

光阴荏苒，毕业已经三年有余了，二十好几眼瞅着就奔三十的人了，也该成家立业了，和男（女）友同居有个两年了，互相也了解个差不多了，双方父母催得很紧。这当儿，房子的问题不可避免地被提到了议事日程上。裸婚？即使未婚妻好商量，岳父母那一关也是死活过不了的。

再从财力上分析，小两口儿积攒了三五年，再加上双方父母赞助了一部分，手头攥着六七十万，按照百分之三十的首付，也还吃得消。

所以，从各方面考虑，二十七八岁的青年，买房的时机都貌似比较成熟。

房子，买，还是不买？是个问题。

如果你安心老婆孩子热炕头，不求大富大贵，那建议你能买就买吧。如果你是个有创富梦想的野心家，那你千万别做将来会后悔的事。你知道吗？买房合同书，就可能是梦想死亡证明书！请看下面两个普通青年的买房履历。

小方和大伟是同一年从不同的高校毕业，在同一家企业工作。两年后，他们月收入都是6000元，两人都到了谈婚论嫁的年龄，两人的家庭都能够支持大概35万元，如果按照最长的30年贷款算下来，月供大概在3000元左右。现在他们思考买房子的事情。

盘算下来，小方决定买房，而大伟决定拿钱投资自己。

半年以后，小方和大伟的收入分配有了下面的不同：

小方开始每天坐班车上班，而大伟在单位附近花1200元租了一间房子。

小方每个月只有500元节余，他小心翼翼地避免所有的大额消费，避免所有的出游活动。他心里这么想的，反正有房子了，熬一熬就能过去的！

除了房租和生活费，大伟每个月有四千左右的节余，他开始花很多的钱投资自己。他看上了几个认证和能力培训班，也找经理要了一个书单，购买自己需要的书。同时他还拿出一部分钱做活动经费，因为他知道，在课程中结识人脉的收获往往和课程一样重要。但是人脉需要持续的活动来经营。

想知道这个投资方向的差异会让他们的职业生涯有什么不同吗？请往下看：

大伟的投资很快收到了成效。他的简历上每年都会稳定地增加一个认证，他的能力也越来越突出，越来越多的机会降临到他的头上。他的人脉圈子也得到了很大的扩展，这让他关键时候总是有一些各行各业的朋友帮得上忙，他也因此成为公司的核心员工，甚至有时候上面需要什么渠道，都会问他一句。他还在准备读MBA，为自己再上一级做准备。当然小方也不是没有进展，为了自己的房贷，他也很努力地工作。他也想报班为自己充电，但是囊中羞涩，他没有多余的资金投入。而且自己精力也不足，因为房子离公司太远，每天回到家，就已经九点多钟。稍微休息一下就睡觉了。

两年后，大伟因为更多的知识储备和更广的人脉，晋升为部门总监，而小方还是那个研发小组的成员。

后来，小方在自己的公司终于熬成了部门经理，年薪大概20万。而大伟在原单位做了一年的部门总监后跳到了另外一家企业，做了两年的副总，然后与两个朋友开始一起创业，作为合伙人，他的年收入大概70万，是小方的三倍多。大伟未来的平台和前景，远远不是小方能够比拟的。另外，因为大伟的专业能力和交际面一直在上升期，慢慢进入资源层面的竞争，而小方却慢慢地经受体力下降的瓶颈。

大伟和小方之间另一个重大差距是，在这期间大伟做了两次重要的跳槽选择，他很清楚地知道，在今天这个变化多端的社会，期待一个公司或者行业连续10年都有迅猛的发展，不太现实，自我的快速发展需要通过调整职业方向、进行职业规划来实现。而小方则不敢冒这样的险，房贷的压力早让他不敢作任何的职业变动了。

简单来说，如果你有一份月薪5000元的工作，用20年的贷款买着一套普通的房子。这就意味着在接下来10年时间中，在你最有旺盛的学习阶段与拼劲的年代，在你最需要选择自己适合的职业目标，最有机会开始尝试创业的年代，所有一切与创业、转换行业和快速升值有关的机会都可能和你彻底绝缘。

我知道，大部分有志青年都不愿牺牲梦想换得一时安稳，他们之所以买房，实际上是碍于世俗的偏见，因为国内大多数的人认为有房才有家，而且，在世俗的眼光里，房子是一个人实力的象征，有房混得就好，没房就没前途，没本事。很多年轻人出于维护自尊心才在买房还是投资自己二者之间选择了前者。说到底，还是过不了世俗那道坎，其实你只需看看下面这些牛人当初的选择，就会宽心很多。

1998年马化腾等五人凑了50万，创办腾讯没买房；1998年史玉柱向朋友借了50万搞脑白金没买房；1999年漂在广州的丁磊用50万创办163没买房；1999年陈天桥炒股赚了50万，创办盛大没买房；1999年马云团队18人凑了50万，注册阿里巴巴没买房。

为什么是50万？因为当时的《公司法》规定，要注册必须是50万。马化腾的股份是47.5%，也就是23.8万元。1998年深圳市平均房价在3000元左右，应该可以支付一个80平米左右的房子。当年的马化腾做出了一个长远的选择。不买房，买梦想。

无独有偶，量子基金创始人之一、投资大鳄罗杰斯也是在量子基金成功运转第七年后才出资10万美元买下了一栋百年老宅。

纵观国内外大部分创业者的成功档案，发现他们在最适合开始创业的年代，都是选择创业而不是买房。所以，一个人的成功绝不是由一所房子来决定的。

有些人着急买房是不喜欢租房的感觉，其实租房也没什么，很多名流都喜欢租房。有人问音乐人高晓松，为什么结了婚还租房住，不买属于自己的房？高晓松回答：我不买房，全天下都是我的，想住哪儿就住哪儿，买了房就只剩一个角落是我的，我妹也没买房，但我俩都走遍了全世界。与他们持类似观点的还有国内地业大佬王石。2008年初，国内楼市初现调整之时，王石抛出了惊人之语："对于那些事业没有最后定型，还有抱负、有理想的年轻人来说，40岁之前租房为好。"

在我看来，以今天的房价，排除那些富二代不说，普通人买房放弃理想只有两种情况，一种是双方父母出钱资助，这种人基本上前途和发展被父母控股。经济不独立就可能意味着梦想不独立，你住着别人的房子，还有什么好说的？第二种人是牺牲了太多的发展机会，典当梦想来成就一套房子。

美国人平均31岁才第一次购房，德国人42岁，比利时人37岁，香港特区人是32岁，欧洲拥有独立住房的人口占50%，剩下的都是租房。我们凭什么要一毕业就结婚？一结婚就买房？而且还要为之放弃我们的发展与梦想？

风物长宜放眼量，别死盯着你那些有房的同学比，比不起现在，咱比得起将来。只要你把不买房省下来的钱好好投资自己，给自己搭个不错的平台，好好干，我相信，将来的你，一定会庆幸现在的不买房！

3 游戏游戏，贪图玩乐让你身不由己

前几天看到一条振聋发聩的微博：

最近一直到处飞，发现了一个现象：观察同样是30到40这个年纪的旅客，头等舱的旅客往往是在看书，公务舱的旅客大多看杂志、用笔记本办公，经济舱则看报纸、玩游戏和聊天的较多。在机场，贵宾厅里面的人大多在阅读，而普通候机区全都在玩手机。那么，到底是人的位置影响了行为呢，还是行为影响了位置呢？

看了这条微博，你脸红了吗？这条微博可简单地归纳为：头等舱的人在学习，公务舱的人在努力，经济舱的人在玩耍。

大量研究表明，一个人的自我控制能力，在个人致富过程中扮演了一个极其重要的角色。正是这种对财富追求中表现出来的严格纪律性和近乎残酷的专注，使得少数人从贫苦大众中脱颖而出，成为金钱猎杀过程中的佼佼者。那些富有的人，那些成功的人，都是时间观念强，自制力强，拥有良好的生活和工作习惯的人。

自制力之所以如此关键，是因为自制力和勤奋、学习力紧密相关，一个人自制力强，就会克服惰性，珍惜时间，不停学习，提高自己，向着自己的目标奋进。这样的人，想不成功都难。相反，自制力差的人，会放任自流，随心所欲，贪图玩乐，自然不会有所作为。

哈利·杜鲁门是美国历史上著名的总统。他没有读过大学，曾经营农场，后来经营一间布店，经历过多次失败，当他最终担任政府职务时，已年过五旬。但他有一个好习惯，就是不断地阅读。多年的阅读，使杜鲁门的知识非常渊博。他一卷一卷地读了《大不列颠百科全书》以及所有查理斯·狄更斯和维克多·雨果的小说。此外，他还读过威廉·莎士比亚的所有戏剧和十四行诗等。

杜鲁门的广泛阅读和由此得到的丰富知识，使他能带领美国顺利度过第二次世界大战的结束时期，并使这个国家很快进入"战后"繁荣。他懂得读书是成为一流领导人的基础。读书还使他在面对各种有争议的、棘手的问题时，能迅速做出正确的判断。例如，在20世纪50年代他顶住压力把人们敬爱的战争英雄道格拉斯·麦克阿瑟将军解职。

他的信条是："不是所有的读书人都是一名领袖，然而每一位领袖必须是读书人。"

美国前总统克林顿说："在19世纪获得一小块土地，就是起家的本钱；而21世纪，人们最指望得到的赠品，再也不是土地，而是联邦政府的奖学金。因为他们知道，掌握知识就是掌握了一把开启未来大门的钥匙。"

每一个成功者都是自制力超强，有着良好学习习惯的人。大多数世界500强企业的CEO至少每个星期要翻阅大概30份杂志或图书资讯，一个月可以翻阅100多本杂志，一年要翻阅1000本以上。如果你每天阅读15分钟，你就有可能在一个月之内读完一本书。一年你就至少读过12本书了，10年之后，你会读过总共120本书！想想看，每天只需要抽出15分钟时间，你就可以轻易地读完120本书，它可以帮助你在生活的各方面变得得心应手。如果你每天花双倍的时间，也就是半个小时的话，一年就能读25本书，10年就是250本！

在那些抱怨贫穷的人群中，几乎个个都没有自制力，因为自制力差，他们该工作的时候不工作，该学习的时候不好好学习，总想偷懒，一旦有了空闲又常常把这些时间打发在喝酒、打游戏、打麻将、看肥皂剧上面，实际上这些坏习惯就导致了他们的贫穷。

在这个全媒体时代，娱乐工具迎来了它们的"花样年华"，各种网游，各种软件，各种欢乐谷，各种玩家，娱乐空前丰富，对人的自制力是一个极大的考验，很多有志青年就毁在了网游上。我有个亲戚家的小孩，前天在网上向我发出求救的信号，跪求管制。他对我坦言：

> 曾经计划考研，没复习，错过了。
> 前年计划考证，没准备，考砸了。
> 去年计划考职称，嫌程序麻烦，放弃了。
> 今年身体不好，计划每天跑步，也没坚持下来。

现在计划每天学习一个小时，可是很快就丢脑后了，结果经常独自上网上到第二天凌晨……我不想一辈子碌碌无为，但是自制力差已经成为我的大敌，如果不是自制力差的话，我早发达了。现在年纪不小了，还是无车无房无女友，我自己都对自己很失望！

正因为此，他跪求我管制，甚至让我没收他的手机，给他布置学习任务等等。

其实，我这个小兄弟智商很高，要不怎么能考得上清华？他就毁在游戏上，一开始玩游戏是为了打发上下班路上无聊的时光，后来玩着玩着就不能自拔了，他全部的心思都在游戏上，上班的时候思想飘忽，回到家饭顾不得吃搂着两个手机一台ipad形影不离。他之所以跪求管制，也是受了财富的刺激，前几天参加同学婚礼。宴席上，大家都晒工资，他这个学生时代的佼佼者现在是收入最低的，人家年底奖金比他一年的工资都多！其实论智商论门道，他都占优势，别人比他强，无非是把他玩游戏的时间用在找工作和学习充电上了。

和上面这位兄弟一样，很多人都意识到自己制止力很差，但苦于管不住自己，其实，自抑也不是一件很难的事，你只需要每天控制一点点就好。

改变自己只能从改变一些小习惯开始。限制自己玩游戏的时间，限制自己浏览网页的时间，限制自己上QQ和人瞎聊的时间，限制自己浏览微博的时间。

很多东西你以为你离不开而已，像QQ什么的，都成了大多数人电脑必备的软件，个个都号称如果不用QQ就无法和朋友联系。实际上呢？即使你电脑里什么聊天软件都不装，一个影音播放软件都没有，你依然会活得好好的，朋友也不会忘记你。不要动辄就说自己是什么什么控，你先自控了再说别的。

4 "月薪五千"，害惨了无数有志青年

我刚毕业一年多的小表弟最近涨工资了，他兴高采烈地找到我，要请我吃大排档。

的确是喜讯，这样的饭局我欣然答应，菜上齐了，酒杯满上，我刚要想点祝词好好庆祝一番，当他自报家门工资由3500涨到5000时，我刚刚举起的酒杯落了下来，心里咯噔一下。我对他说："你工资要是涨到4000，那我会好好鼓励你。若是8000，那我好好庆祝你。偏偏是这个5000，让我哭笑不得。太考验我的情商了。"

小表弟被我说懵了，他忙不迭地问咋回事？

我给他讲了个鸟的故事：听养鸟的行家说，如果抓回来的小鸟野性太足，千万不要一下子关起来。你需要关在一个软的网里面，让小鸟无法休息，也无从撞死。在它声嘶力竭快要死掉的时候，慢慢地给它一些食物，如果还是不行，就放弃驯养。但是大多数鸟儿都会被食物吸引。慢慢地开始进食。等到一个多月后，这种小鸟即使飞了出去，也会飞回来，否则就会死在某个地方，因为它们已经被植入一个信念：我是无法依靠自己生存下去的。

表弟疑惑："这只鸟好像和我无关吧？"

我说，很多收入一般的打工者其实都是这样的"笼中鸟"，尽管不是"金丝雀"。这个"笼"，就是一份月薪五千左右的工作。

接下来，我和他讲了我的朋友老周的故事。

老周今年30岁，结婚两年了，其实老周并不老，但他心理年龄老，所以自称老周。五年前，刚毕业的时候，老周自己成立了一家广告公司，赚过钱也赔过钱，在最后一次赔钱的买卖中，因为女朋友的反对，他放弃了自我创业的梦想，去一家报社求职。当时报社两个部门都向他伸出了橄榄枝，一个是广告部，一个是编辑部，广告部给出的工资是底薪1500加提成。编辑部的工资是三千五加饭补。老周思来想去，觉得自己来上班，不就是图个安稳嘛，广告部不稳定，还是当编辑吧，省心、踏实。而且这也是女朋友的意思。

两年后，老周和我表弟现在一样，升职加薪，职位升为编辑部主任，工资涨到六千五。这份工资让老周很是满足，除去两千块钱的房贷，再留给自己五百块的零花钱，每个月老周都如数交给老婆四千块现大洋呢。在京漂部落中，老周也算是个佼佼者了，五环内有套九十多平的房子，老婆可人孩子听话，一年下来尽管没有多少余粮，但基本上能做到想吃什么就吃什么，偶尔买点奢侈品也不会捉襟见肘。

老周对这样的生活很满足，对老板的赏识感恩戴德，拼命工作。这一满足就是两年，铁打的营盘流水的兵，同事来来往往好几拨了，只有老周纹丝不动，成了资历最老的员工。直到有一天，以前一起共事的老同事请他吃饭，当时老周涨工资的时候这个同事因为没被加薪而离职，人家换了家公司现在已经是年薪五十万的人了。那个同事还无意间替老周回忆了一下，那些比他工资低的老同事在这里都待不住，通常会工作几个月学点东西就跳巢走人了，可是他们现在发展都不错，有的自己创业当了老板，有的去了外企、上市公司，比老周现在强多了。

表弟听了这个故事，再也不像刚才那样兴奋了，他开始若有所思起来。

在加薪这个问题上，真的不要过早地定义福祸，月薪五千，真的不是好事，在所有的工资档次中，这个数目是最容易麻痹员工的了。

我们就从大多数打工者的"薪路"历程说说看：刚毕业的时候找个月薪三千多的工作，可以养活自己，交了房租，除去口粮，兜里还有点余粮，女孩子可以偶尔吃个必胜客，买点化妆品收纳点花衣服。男孩子呢，则偶尔可以和狐朋狗友腐败一把，还有点闲钱请心仪的姑娘吃个麦当劳肯德基的，甚至是出去旅游一趟。

慢慢地时间过去了，一年后，积累了一定的工作经验后，成了老员工了。不管何种企业，对于这种老员工在职位上有了晋升，会从一般的小职员慢慢做到主管，东家就会自动给涨工资，就这样一路涨下来，两三年后，基本上能达到月薪五六千。那时候，在父母亲的催促和赞助下，可以买房了，供得起千把两千的月供了。日子安稳下来。这时候，再换工作，已经没有杀气和魄力了。但是，也仅此而已，月薪六千是个天花板，事实上他们中大部分人的职位会停留在部门经理及主管这个阶段，工资也会停留在5000元至6000元左右，之后再难有进展。当大部分人在前进的道路上停留下来后，他们就将在职业生涯的O形路口无休止地循环，看不到尽头，当尽头出现之日，很可能就是他们被抛弃之时。

就像老周一样，月薪5000是不少有志青年行动的障碍，犹如人生的鸡肋，磨灭了骨子里的自信，让原本豪情满怀的青年变成平庸的老者。所以，每一个打工者都要警惕月薪五千！月薪涨到五千之时，是你该好好反省之日。你要记得，老板对你好，给你涨点工资是为了留住你给人家好好干活，而不是为了你更好地发展。对绝大多数人来说，靠薪水永远只能满足生活的基本要求。要想发大财，还得自我规划。当你的工资被涨到五千时，你该思量的事情是：

(1) 盘算你在这家单位的发展空间有多大；

(2) 计算你可以在这里待多久再离开对自己有利；

(3) 警告自己坚决不被五千所软化，坚持梦想，步步为营，直至成功。

5 怕这怕那，贪图职业安全感注定没出息

那么多热血男儿，他们能放得下爱情，撂得下生命，为何偏偏放不下那五千块现大洋呢？难道那五千块有仙气儿？表面上是钱的问题，深层次是心理问题。这牵扯到一个专业术语——职业安全感。

这个话题我要从"彩票哥"的故事说起。

"彩票哥"是我的大学同学，之所以如此称呼，是因为这些年来他一直坚持买彩票，风雨无阻。

他是某二线城市某区公证处的一名公证员，大学毕业后顺风顺水地找到这个工作。事业单位，工资不高，中产阶级，小康生活，结婚、生子，度日。他的周围也尽是这种人，和他一样有着工资不高，但是非常稳定的工作，然后守着微薄的工资等待退休。

他对目前这份工作并不满意，他喜欢有创意有挑战性的工作，公证员的工作枯燥乏味，每天不停地审查格式合同，不符合要求就让申请人补齐，然后报送领导审核，每一天都是前一天的重复。

他想按照自己的意愿活着，他的专业是经济法，他早就考出了律师证，一直想去做律师，可人到中年，换工作何其难？眼下这份工作怎么着也是个保障，万一换个收入没保障的工作，一脚踩空了，无法给老婆孩子一份安逸的生活，让老人不省心，那多丢人？

于是这些年，他不停地买彩票，他的梦想是有朝一日等到挣了足够多的钱，给父母交代好，把老婆孩子安顿好，然后做回真实的自己。

他恨不得现在的单位马上倒闭，这样他就可以名正言顺地重新找工作了。

和我的"彩票哥"一样，很多人都心不甘情不愿地苦守着一个有点保障的平凡职位，真实的他们需要一份更有挑战性的工作，这样才能继续发展与成长，但是，就因为有无数的阻力和顾忌，使他们不敢放弃眼前既得利益，不敢放手一搏，甚至深信自己不适合做大事，于是便安心在一家企业当一天和尚撞

一天钟，或者站在一个微不足道的边缘化位置上，永远"穷忙"下去。

他们往往在嘴上对现在的工作极端仇视，对老板极其讨厌，对失业装得不屑一顾，其实心里孱弱得很，很害怕失去这份工作，老板的一个眼神，一句话都能让他的心里澎湃起伏半天。

贪图职业安全感的人各个年龄阶段的都有。老陆出生于20世纪60年代，成长于70年代，工作于80年代，他是赶上工作可以接班的最后一批人，于是他接了父亲的班，在当地的林业部门谋了个小差事做。在当时，农林水部门是很红火很风光的单位，可是到了20世纪90年代以后，就渐渐开始走下坡路。随着国家政策的转变，市场经济的发展，老陆所在的那个地区的林业部门甚至连工资都发不出来，幸亏还有国家政府的些许拨款还可以勉强维持。而老陆呢，如今已经是快退休的年龄了，他还是始终如一地做着他的那份小差事，赚着那很少的一点工资。

对老陆来讲，安于现状就是最好，虽然赚钱少点，但是还算稳定。殊不知，与他同时代的人，有很多舍弃了当初的工作单位，下海经商，现如今都已经成了大公司的老板，过上了优裕的生活了。

你一定也有过这种感觉，自己陷入那种好像对什么都不满意，但是又什么都不敢去做的恐惧。对于未来你不是没有想法，但碍于对职业安全感的担忧，你一遍又一遍地和自己玩YES- BUT的游戏："是的，我也想那样，可是……"这种人被自己的安全感囚禁住，成了安全感奴隶，被关在看不见的地狱，再也看不到希望之光。这个房间用恐惧做墙，用消极的意念做水泥。这个时候你多希望有一个权威的声音说，去吧！你一定可以成功！但是没有任何人会这样说。除了你自己。

要想摆脱职业安全感的束缚，揭开屋顶，你需要这样做：

(1) 拼命拉车，也要抬头看路

在职业旅途中，很多年轻人都是一头只顾拼命拉车，从不抬头看路的牛。有人是因为盲目而穷忙，有人是耽于内心的恐惧不敢抬头看，于是就成了瞎忙穷忙的一族。

爱岗敬业，重视自己的工作是必须的，但是如果你的单位日渐衰退，在市场上失去了任何竞争力，一点发展前景都没有，你难道还要死守到底为它而穷忙吗？或者，即使你进入了一家正蒸蒸日上的企业，可是你所占据的职位却是微不足道的，甚至好几年里你都没有得到升迁。尽管你有很大的能耐，却仍旧英雄无用武之地，那么你还要坚持下去吗？

不要为了那点可怜的安全感，心不甘情不愿地成为一头只顾拼命拉车，不敢抬头看路的牛。

(2) 小范围地冒一次险

特蕾莎修女说：上帝不是要你成功，他只是要你尝试。

在安全的环境，小范围地冒一冒险吧！这是一个对你那些思维之墙很好的试探，看看它们是不是只是看上去坚固，其实很虚弱？

比如说在不着急的时候，尝试关上GPS走一段路；

试试看，只用你们家房子的一平方米的钱，给自己安排一段旅游。

试试看，和你最不喜欢的那个同事主动打个招呼，和你畏惧的那个领导主动攀谈。

试试看，给那些你可去可不去的职位打电话，试着推销一下自己。

试试看，拿出来一件不喜欢的衣服，穿在身上招摇过市。

总之，在安全的地方，让自己冒一次小险吧！这会让你发现未知的自己。

6 想三想四，无谓的内耗让你穷困潦倒

一些中国人终日为钱所困，不少人为了脱贫致富，拼命地学习考大学，但上了大学以后，又有许多人找不到工作，于是继续考研、读博。但即使如此，似乎仍然没能过上富裕的日子，反而越来越多的年轻人在叫嚷着缺钱，没房又没车。

那么，在知识不断扩展，科技不断进步的今天，我们为什么还会遭遇贫穷呢？

在这里，我们不妨看看著名学者茅于轼的说法，他在《中国人的道德前景》中分析了导致中国无法根本脱贫的原因——中国人把过多的能量用于内耗，而不是创造财富。

你去买火车票时，前面的那个家伙犹豫半天也决定不了买哪趟车次，耽误了你的时间；你追赶公共汽车时，车门已经关上；红灯抢行，十字路口乱作一团；开会时因某人未到，大家等上几分钟；你和同事共同开发一个客户，结果同事没争取到，背地里使坏也不让你争取到……

这些现象我们已经司空见惯，谁也想不出它们与财富之间有什么必然关系。但从经济学家的角度来看，这些现象恰恰是使国人贫穷的重要原因。穷是因为许多潜力不能发挥，人们的能量没有用在生产创造上，反而用在了抵消别人劳动成果的行为上；更因为各式各样的浪费普遍存在，消耗掉了社会上的巨大财富。

多数人的内耗造成了集体的混乱与停滞不前，而自身的内耗则造成了一个人的穷困潦倒。也许你不相信，觉得自己并没有做过什么内耗的事情，那么，在这里我们不妨举几个例子：

学生时代，你很多次都计划早上5：30起床背单词，闹铃响了。你想，好困啊，再睡一会儿吧，就5分钟。但你又不想浪费这时间，觉得对不起父母供你读书的血汗钱。于是，觉也没睡，单词也没背，心里斗争到8点钟。你想：

也不差这一天，算了，还是从明天开始吧。

工作后，你喜欢一个女同事，朝思暮想，你工作不下去，准备跟她表白。但是转念一想，要是被同事领导发现了怎么办，要是她不喜欢我怎么办，办公室恋情影响了我的晋升怎么办，还是算了吧。又过了一个月，不行，天天都想她，还是得大胆说出来……到底说还是不说呢？整整两个月你什么也没干成，漂亮的姑娘也有了意中人。

前几天，你利用年假回老家一看，小学同学开了个加油站，已经赚了几十万，开着小轿车，你还是什么也没有，穷打工仔一个。回到自己的工作岗位上你就想：上学有什么用，白比人家多喝了那么多年墨水，早知道我也和那家伙一块退学得了。可是别人都说知识重要啊，没有大学毕业证，连个好工作都找不到……结果是，创业的机会被你白白错过，工作也没做好，好前程自然与你也无缘了。

像这种事情不胜枚举，几乎每天都会有许多出现在我们的生活中。有这种毛病的人很多，这些人总在不停地内耗，将自己的精力和智慧都消磨殆尽，哪里还有创造财富的心思？

女孩子整天想，我要自立自强，不依赖男人，甚至有女孩想，我要是能变成男人就好了。这是典型的内耗理论。男孩子整天想，我老爸要是有个几千万就好了，我当年要是走那条路就对了。要知道，这个愿望你永远都无法实现，就算实现也未必就会快乐，而你所做的只是每天让自己心情郁闷罢了。

人们做的最大的蠢事就是自己跟自己作对，这是有百害而无一利的事情。你天天想着：他为什么学习比我好，长得比我帅，日子过得比我富裕……

这种内耗是无法改变现实的，没有任何意义，相反，只会带来更多的贫困。

假如你能少想一点，少犹豫一点，把精力从内耗中抽回一些，放到应该用的地方去，该学习的时候就好好学习，该谈恋爱的时候就认真地谈恋爱，旅游时放开心情，工作时一丝不苟，那么你会发现你的生活将蒸蒸日上。把头脑中所存在的斗争、冲突统统消除掉，这是你拥有财富、得到幸福的关键所在，也是所有穷人脱离贫困的好途径。

不要以为自己不跟自己内耗是件小事，它其实是你自立自强、走向成功的绊脚石。

我听说过这样一件事情：美国有一条街道看起来有些陈旧了，准备修草种树，改变当地环境，但是政府一时拿不出那么多的钱，只好暂停了计划。有一家住户先在自家门口种上了绿树，修剪了周围的草坪，而他家周围就变得好看起来了。于是，邻居们也纷纷效仿，很快整条街道就焕然一新了，既节省了国家的资金，也美化此处的生活环境。换个角度想，假如第一个人在主动种树时想的是：我该不该种呢？种了以后会不会让别人乘了凉？那他就是又跟自己耗上了，那样不仅会浪费时间，更会让自己每天住在一个破旧的环境里，心情不好，工作不好，日子也会越过越贫穷。

所以，我们每个人都要养成良好的习惯，认为该做的事情就要把它付诸行动，把头脑中存在的冲突统统消除。这正是你拥有财富、得到幸福的保障。

7 在啃老的摇椅上，被亲妈以爱的名义"扼杀"

如果你想弄死一只青蛙，那就拿温水慢慢煮它吧。这就是著名的温水效应。

如果你想搞垮一个人，那就为他提供一个没有经济压力，随时可以上网聊天吃饭的住处吧。

据我所知，很多父母都在用这种方式扼杀自己的孩子，很多孩子也都这样心甘情愿地被父母"温煮"。

我曾经在必胜客喝下午茶的时候，无意中听到一个女孩子和同学的对话。那是个年轻漂亮的女孩子，她和我的步调一样，也是从三楼看完电影出来，奔二楼小憩。

她举着当时刚上市的iPhone4s给朋友报喜：

> 亲，我昨儿个从黄牛那里买到了iPhone4s啦，今天自个儿出来嗨皮呢。
>
> 对方大概是说：你悠着点啊，可别当了月光族。
>
> 女孩：放心吧，我光不了，我老爸给我办了信用卡，我只管嘻唰唰，有老爸付款呢。
>
> 对方大概问：你什么时候开始找工作啊？
>
> 女孩：上了半年班，早烦了，休息一段时间再说。
>
> 对方大概是：你这样三天打鱼两天晒网的不是个办法啊？
>
> 女孩：有父母呢，我爸妈退休工资加起来七千多呢，养活我没问题。
>
> 对方大概是：你父母也上年纪了，你得为他们着想啊。
>
> 女孩：没事，我妈说了，他们不用我养老，都有社保，所以我找老公也一定要找父母有社保的！
>
> 对方一定是无语了。女孩接着发挥：亲，啥时候来北京啊，我请你去欢乐谷，咱俩好好嗨皮一下。
>
> 对方大概是：听说欢乐谷门票好贵的。
>
> 女孩：你别谈钱，俗，我请你，给妹妹一个花钱的机会咯。
>
> ……

遥想当年我这么大的时候，还窝在地下室里考研呢，一个星期能吃上一顿排骨，一个月能进一次麦当劳吃个薯条就不错了，像必胜客这种地方都是某舍友的阔绰男友请客，我们整个宿舍的姐妹儿才能打回牙祭。吃不完还打包回来，第二天晚上一人分一小块。说起来真是寒酸，现在的女孩可真是幸福啊。

羡慕之余，我在想，这个女孩子会有怎样的明天？等她到我这个年纪，她是不是比我更幸福？我是不是有点杞人忧天了？

这样的"啃老族"有很多很多，记得几年前我上班的时候，负责招聘编辑。单位来了个太原的女孩子，各方面条件都不错，她才上了三天班就不来了。因为单位非常缺她这个专业的人才，于是老总就让我给她打电话问问情况，尽量争取一下。如果是嫌工资低，那可以再加上一些。

当我表明了诚意后，女孩子很委婉地拒绝我：姐姐，不是钱的问题，我老爸给我一天的零花钱都比你们一个月给我的工资多，我干吗还上这个班呢？

我当时真的被雷倒了，电话空举了半天才放下。

我在想，假如我有这个条件，我还会这样拼命工作吗？

我也会工作，但至少不会像现在一样卖力。

无数的事实证明，如果不用努力就能享受舒适的生活，很少有人会忙，会奋斗。

自觉为梦想拼命的人，有，但是太少了。

现在，信奉穷人的孩子早当家的家长太少了，多数家长都信仰富人的孩子早做主，尤其是女孩子，都说女孩子要富养，免得她被穷小子忽悠跑了，嫁个穷鬼。为了避免他们假想的不幸，家长们拼死拼活为子女提供优越的生活条件，再穷不能穷孩子。

可是孟子说，生于忧患，死于安乐。人有懒惰的天性，生活太安逸了，不用努力就能获得安全感，人就会丧失斗志，忘却理想。

我以前在北京租住一个三居室的房子，我个人热情好客，亲戚朋友的谁来北京都在我这里落脚，我也前前后后带了不少老乡出来打工。刚开始的时候，他们都住在我家——都是熟人，也不需要付钱，吃饭一起吃就好了。上网可以全天上，电视可以随便看，几乎是零成本地在我这里待着。后来我总结了一下，我这份热情豪爽差点害了他们，因为那些孩子在我这里住着的时候，连工作都懒得找了，都是后来搬离我住处后开始有点起色的。我品出了这里面的道理：这些人不是缺乏工作的能力，而是太安全了。住在我这里吃住不愁，精神充实，心情愉快，不思进取——如果安全感可以轻易这样获得，那为什么他们还要自己努力去争取呢，即使再争取，也没有现在这样舒服！

一个心智健全的年轻人，应该有主动吃苦的精神，尽量远离那些让你轻易获得安全感的事情！包括过于关心你的父母，一张可以任意刷的卡和一项不会犯错的任务和一个养老般的工作。那会磨灭你的斗志！

找一份工作，一定要自己养活自己。一方面是因为花自己的钱和父母的钱，感觉完全不一样。另一方面是因为求人不如求己，还是自己最可靠。假如你不努力，即使父母给你留下万贯家财，也总有被你挥霍一空的那天。

要自己珍视自己的生命。你以为靠父母现在活得很好，周围有很多朋友都亲近你，他们都真心佩服你，那你就想错了。他们表面上羡慕你，转过头去就会嘲笑你：切，看他现在得瑟，总有他哭的时候。

8　自我审视，你属于哪一种"穷命"

一个人一时的贫穷并不可怕，可怕的是习惯了贫穷，甚至于以"无资产阶级"为荣耀。一旦你习惯了贫穷，那贫穷真的就成了你的命。

有一个不甘心自己命运的年轻乞丐，总想有一天能够发达起来。可好几年过去了，他还是穷困潦倒。最后，他心灰意冷，把唯一的希望寄托在一位未卜先知的智者身上。于是，他带上省吃俭用攒下来的一笔钱找到了那位智者。

"尊敬的先生，请您指点一下吧！我十余年后会不会还像现在这么穷？"

智者稍稍抬头看了一眼乞丐，说："年轻人，我说出来你可不要不高兴，十年之后，你还是像现在这么穷。"

乞丐听了非常难过，于是掏出一些钱递给智者，恳求他："老先生，你再看看我二十年后有没有希望？"

智者有些感动了，认真地看了看他说："你二十年后还会这么穷。"

乞丐更加伤心了。最后，他把所有的钱都掏了出来，跪在智者面前十分虔诚地说："老先生，我就靠你了，你再给我指点一下吧，我三十年后会怎么样呢？"

无可奈何的智者只好又看了看乞丐，很同情地说："你三十年后不穷了。"

年轻人为之一振，高兴地从地上蹦起来："啊！我终于找到希望了。那么，尊敬的大师，再请问一下，到那时我能有多少钱呢？"

"年轻人，你三十年后不穷了，是因为你已经麻木了、习惯了。"智者拍了拍年轻乞丐的肩膀飘然而去。

多么有深意的话啊！其实，人生就是一种习惯，勤奋是一种习惯，懒惰是一种习惯；成功是一种习惯，失败是一种习惯；富裕是一种习惯，贫穷也是一种习惯……关键是，当你已经习惯于一种角色时，还会有更高的追求吗？

如果你很不习惯目前的贫穷，那说明你还有希望，无数的例子说明，贫穷可以改变，幸福可以创造，关键是你得找出贫穷的原因，有脱贫的意愿、有行动的信心、有坚持的毅力。

找出穷根是脱贫的第一步。一个人沦为穷人有各种各样的原因。下面我就从贫穷的原因方面，探讨一下贫穷的类型，揭示贫穷的缘由，以期对人们针对性地采取改善的措施，并进而脱贫致富产生一点帮助。

我根据贫穷产生的原因粗略地将贫穷分为以下几种类型。

老实型贫穷

这类人做人老实厚道、胆怯怕事、思想传统保守，看不到挣钱的机会，找不出发财的门路，挣钱能力比较低，难以挣到较多的钱，因而普遍比较贫穷。

改善之道：平衡义利观的冲突。在讲义气的同时兼顾下自己的收入。在厚道的同时长点生意头脑。

清高型贫穷

这类人有更大理想、更高追求，所有精力聚焦在自己的事业上，因而无暇关注挣钱（或挣钱的能力不强，挣不到钱）。像哲学家斯宾诺沙，画家梵高等，他们的行为正像孔子所说的是"君子固穷"，安贫乐道。

改善之道：把理想和现实结合起来，找个平衡点，在发挥专长的同时最好照顾点世俗。

懒惰型贫穷

这类人生性懒惰，什么事也不愿意干，"油瓶倒了也不想扶"，特别是对用脑筋、费力气的事更不想做，缺少责任感和进取心，不想方设法去主动创造财富。这类人即使做事，也往往有犹豫、拖延的习惯，因而常常误事，失去各种挣钱的机会。

改善之道：除了勤快，你别无选择。懒是一种习惯，勤快也是一种习惯，强迫自己多学习，多思考，多劳动。

挥霍型贫穷

这类人有好吃、酗酒、赌博、吸毒等方面的一种或几种不良嗜好，往往为了满足自己的欲望，把钱财挥霍一空，或欠下巨额债务。这类人从不懂得节俭，因而难以有效累积财富。

改善之道：养成良好的生活和消费习惯，改掉不健康的生活方式，以君子之道自修。

疾患型贫穷

这类人身有残疾（也包括智力残疾），或罹患恶性疾病，或遭遇严重事故，使自己的生命和财产受到很大损失，为此欠下巨额债务，终身都不能翻身，穷困得无以复加。平时，一般收入的工薪家庭感受不到这一点，而一旦患了花费很大的严重疾病或遭遇生命和财产受到严重损害的事故，就会立即明白，自己的收入水平根本承受不起灾难。

改善之道：当然是未雨绸缪才好，平日里珍爱生命，珍视健康，注重日常保健，防患于未然。

行业型贫穷

这类人从事了收益低的人生行业，如在中国许多地方当农民，由于地少人多，劳动生产力低，因而农民一般收入很低、普遍贫穷；在生产线上辛勤工作的工人，一般也比较贫穷，因为劳动的技术含量低，工资也低；在各个场所打扫卫生的、做服务工作的人也都是较为贫穷的群体，因为他们从事的职业收益较低。而从事演艺工作、做生意等，就很富有，因为这些都是高收益的职业。

改善之道：用知识武装自己，注意学习和提高，注重经验的积累，伺机转型，从劳动密集型转向技术密集型。从用体力劳动挣钱转向用脑子赚钱。

知识型贫穷

在现代社会，受教育少、掌握知识少、智慧低的人，就难以挣到大钱，容易贫穷。人要挣钱致富，需要各种各样的知识和智慧，既需要有业务方面知识和智慧，也需要有人际交往方面的知识和智慧，知识、智慧越多，对挣钱致富越有利。有些人学历虽然不高，但学习能力强，能够持之以恒，并且善于从生活、工作中感悟、领会人生智慧，他们的知识和智慧很快就会超过其他人（不学习者）、甚至超过学历比他们高的人，所以他们中的许多人成为了企业家、各行业的专家等收入比较高的人群。相反，不善于学习、知识少、智慧低的这类人，就容易贫穷。现代社会是信息和知识经济社会，知识和智慧越来越重要，所以，尽可能提高受教育程度、具有较高的学历，并且能够保持强烈的求知欲，持续学习、终身学习，对摆脱贫穷、实现富裕作用很大。

改善之道：养成学习的习惯，合理应用业余时间，不断给自己充电，提高技术附加值，拓宽交际面。

综合型贫穷

这类人是由上述两种或两种以上原因造成的贫穷。现实社会中的大多数贫穷，都属于由多种原因造成的综合型贫穷。

改善之道：多管齐下，综合治理，哪里不足就补哪里。

任何一个想改善自己的处境、改变自己社会地位的穷人，都应该仔细分析一下自己产生贫穷的原因，针对这些原因有的放矢地采取措施。只要努力改善，一定会卓有成效。

第 三 章

拆掉思维的高墙，才能摆脱穷忙的"烂"命

1 "烂"命一条，是思维模式造成的

比尔·盖茨，当今最引人注目的世界首富。他的一个著名理念是——"人与人之间的区别，主要是脖子以上的区别——大脑决定一切！"

丁磊，网易的创始人。他从一名穷大学生，发展成为IT行业的翘楚，仅仅用了7年时间。当记者问他怎么创造奇迹时，他的回答是——"因为，我在大学学会了思考。"

这两位首富，对思维的重视相信给大家留下了十分深刻的印象。而2004年10月，美国《商业周刊》刊登的一篇文章，可能让我们对思维方式在致富中的价值认识更深刻。

有篇名为"最佳商学院排名"的文中披露：在调查雇佣MBA学员的公司中，芝加哥大学的毕业生最受欢迎。 为什么该校的毕业生最受欢迎呢？主要是该校培养了大批"经济神童"。而这些"经济神童"之所以产生，是由于该校特别重视对MBA学员，进行分析问题和解决问题的思维方法能力的系统训练。

　　事实证明：对思维方式的重视，已经成为世界最优秀的企业和企业家最关心的问题之一。

　　不仅如此，一些管理大师级的人物，也把思维方式的突破作为提升业绩的关键内容之一。如"学习型组织"的提出者彼得·圣吉，在其著名的《第五项修炼》中，把"改善心智模式"作为五项修炼之一，并明确提出——"三流管理者学管理知识，二流管理者学管理技巧，一流管理者修炼管理心智、学管理智慧！" 如果上述权威人士对思维方式的重视，还不够对你造成巨大影响的话，那么请你再与我分享一个真实的故事吧！

　　几年前，加拿大政府带着一帮华人企业家来中国访问。在这个考察团中，有一位姓杨的先生。他原是在国内发展，后来到加拿大发展，目前资产达10亿美元。

　　很多中方代表都对杨先生的到来表示欢迎，对他的智商和财商高山仰止，其中一个最年轻的中方代表恰好和杨先生是校友，他们在同一个学校读大学。他很想知道这个牛人致富的秘诀，这个年轻人整天抱怨自己烂命一条，总是发达不了，他真的好想从杨先生那里学个一招半式的来改变命运。于是他主动接近杨先生。杨先生是明眼人，一下子就看穿了这年轻人的心思，在宴会后与他的小学弟进行了深入的交流。

　　年轻人问："杨先生，您在国际上有这么大的影响，我想您在大学里一定很突出，说说你的辉煌业绩吧！"

　　杨先生很谦虚地否认："没有啦！"年轻人还是追问不放。

　　杨先生无奈，只好说："我就是在大四的时候赚了点小钱！"年轻人忙问是多少，他不好意思地说："1000元！"

　　年轻人颇为吃惊，杨先生上大学的时候是上世纪80年代初，那时候，1000元也很了不起！当时的大学生一个月的生活费也才21元！年轻人对他的故事充满了兴趣，再三追问，杨先生道出了实情：

　　一天晚上，他喝多了水，要去洗手间却没有开灯，一不小心，绊倒了热水瓶，打碎了！

第二天，他就去学校商店配瓶胆，结果商店的女服务员十分不客气地说："没有瓶胆，要不就买热水瓶！"

杨先生再三跟那服务员说好话，说先放钱到商店，请他们下次帮自己进一个瓶胆。即使这样，女服务员还是不同意。

杨先生当时也是年轻气盛，和服务员争吵起来："你们不是为人民服务的吗？怎么这样啊？"

"就是这样为人民服务的，怎么啦，不行啊！"

"你这样的态度，我要去向校长反映！"杨先生气愤地说。

"你去告啊！现在就去，我才不怕呢！"没想到那位服务员一点也不畏惧，反倒与他激烈地对抗起来了。

这下，杨先生真生气了，回去就准备写信给校长。可是当他铺开稿纸的时候，他停下来了！他想到：这女的既然敢这么嚣张，一定是有后台的，说不定是哪个校领导的亲戚。我何必浪费精力做这没意义的事呢。我配不到瓶胆，别人也肯定遇到过这样的困难。好了，倒不如我来做这个生意！

于是，他把下一个月的生活费都拿出来，跑到市中心的商店买了20个瓶胆回来。他本想一个星期把它卖掉，没想到刚刚摆在食堂门口，一天就卖出去了。第二天，他又去进……

后来，他干脆不摆摊了，直接贴广告宣传：要配瓶胆请到某某寝室找杨××同学！

再后来，他出钱请同学把周围学校的瓶胆业务也包下来了。

一年后，挣了1000多元钱！

杨先生在大学的这次壮举，让这个年轻人肃然起敬，与此同时，他也想起了自己在大学时期的糗事！

读大二那年冬天，他也是夜间起床，没有开灯，就从上铺跳到了中间的桌子上。平时大家的水瓶都放在各自的床边，那天却都摆在桌子上。

可是他的一脚可比杨先生那一脚强大多了，"咣啷"一声，八个热水瓶全都粉身碎骨了！

第二天，他也去学校商店配瓶胆，和杨先生的遭遇相同，他也没配着瓶胆！

后来，他只好老老实实地买了8个水瓶。这笔额外的开支，让他的经济困窘了整整一个月！

你看，同一个学校读书，遭遇到同样的一个问题，杨先生把它变成了赚钱的机会，而这个年轻人却成了亏本的机会！这就是思维的区别——不同思维方式产生不同的结果啊！

人人都会倒霉，人人都会遭遇变故和挫折，都会面临困难，关键是你怎么看待困难怎么思考解决方案，有什么样的思维方式就可能形成什么样的解决方式，解决方式不同，结果不同。贫富自见分晓。

富人的思维方式是：遇见问题——分析问题——相信自己能解决问题（我行，我能）——在解决问题的过程中找到商机——富了；

穷人的思维方式是：遇见问题——被动地排斥问题——不相信自己能解决问题（我不行，我不能）——在消极的思维中一穷到底。

所以，烂命一条，是思维方式造成的，要想丢点这条烂命，就要先改变思维方式。

2 运随心转，财因念生

世界著名的成功学家拿破仑·希尔说得好："思考创造财富"。

接下来我急不可耐地做一下补充："运随心转。"我相信，一个人的运气是跟着心走的。你有一种积极的心态，就可能有一种荣耀的命运。你有一种消极的心态，就可能产生一种颓废的命运。你向着太阳走，全身都会沐浴在阳光里，可你向着一把尖刀奔，就肯定有生命危险！财运也是如此，你对财富有渴望，有念想，用积极的态度去勇敢追求，你迟早会获利。你对财富不感冒，不相信财神会青睐你，那你只能艰难度日。

这是因为人的心思、意念是有能力的，日本的江本胜博士所著的《生命的答案——水知道》用科学实验证明了这一点。人对一瓶水的意念不同，水就会形成不同的结晶。你对财富的意念不同，财富就可能以不同的面目回报你。

他曾是某大学校园内一名特困生，别的特困生都靠社会的捐助生存，而从未做过生意的他靠40元钱起步，很快成为校园"富翁"。他大二时买了房子，大三时又资助11名贫困学生读书，到毕业时，他成为拥资数百万的小富哥！

他就是武汉海浪生物乳液有限公司的副总何志强先生。

1993年8月，何志强从农村考入重庆医科大学。又残又病的父母在奔波了近半个月后，终于东挪西借为他凑足了学费。父亲饱含热泪地对何志强说："孩子，除了你的学费，借来的钱恐怕只剩40元了，这就是你大学5年的全部生活费了。原谅我们，我们只能做到这些。"

进入大学的第一天起，何志强就满脑子想着一个问题：我太需要钱了，我用什么办法赚我的生活费呢？

几天的观察和思考后，何志强在开学的第四天终于迈出了第一步。

何志强发现女生们都有一个共同点，早晚餐可以不吃，但水果却不可或缺。何志强看到了一个赚钱的途径，他借钱跑到水果市场批发了几箱水果，搬回宿舍。然后在校园宿舍楼的布告栏上写下了一个广告："请到校园×栋×号×室吃水果。"何志强在每栋宿舍楼找了一个老乡，每天把装满水果的水桶送到这些老乡的手中帮忙代卖，每晚再去结账收钱。结果引得女大学生们走马灯似的去"吃自己花钱的水果"，那一个月何志强足足赚了1000多块钱！

为了鼓励老乡们接着干，何志强每个周末必邀请老乡们共聚晚餐。

第一个学期，何志强不仅赚取了生活费，还从贫困生上升成了一个校园老板！

大一下学期，爱下象棋的何志强在一次比赛中获得了第一名。于是，何志强有幸成为学校象棋协会的会长。谁也没想到，"财迷心窍"的何志强从象棋中又想出了一个生财的路子。

校象棋协会当时有30多个会员，因资金不足很少活动。何志强自费给每个寝室买了一副象棋，还派会员到每个宿舍传授棋艺。一时间，学校掀起了一股象棋风。预想的气氛达到了。何志强让人写出通告，凡交纳5元会费者，即可成为校象棋协会的会员。于是乎，报名入会者纷至沓来。不到两个星期，校象棋协会由30名会员发展壮大为500多个会员。为此，协会筹足了2000多元的会费，棋类活动开展得红红火火。

这次棋协活动，让何志强受益匪浅。他彻底地领悟到"欲取之必先予之"的深刻道理。何志强成为校园学子议论的话题。大家对他的财富经褒贬不一。对于这一点，何志强的表白更是让人惊诧不已。他说："在我很贫穷的时候，我从不悲观，相反，我还充满一个信念，我要将商场最值钱的东西搬回家。"对财富的渴望和追求，让何志强的创业路迈得越来越深入。同时，他发觉自己身上蕴藏的"财商"很发达，只要多动脑子，总能发现赚钱的门路。

大一寒假时，何志强没有回家，他留在了重庆市内，应聘到一家乳业公司做送销员。拿着广告宣传单，提着奶产品，何志强在重庆大街小巷转了三天，鞋走得磨去了后跟，可是一瓶鲜奶都没有卖出去。夜深人静，劳累了一天的何志强来到长江边，对着长江亮开嗓子大声吼："我是何志强！我一定要有钱！"回到宿舍躺在床上，何志强启动思维，寻找商机。终于，他又想到了一招。

很快，何志强戴着医科大学的校徽来到重庆儿童医院。何志强是儿科专业的大学生，他拿出自己的所学，向每一位过往的家长讲解奶产品的性能与营养，还特别针对胃肠功能较弱的幼儿讲解了一套奶产品的营养保健学。家长们被这位大学生折服了，纷纷订购他的牛奶。那一天，何志强卖掉了300多杯酸奶，赚取纯利润100多元。

第二天，何志强趁热打铁，把公司的宣传海报贴到医院的每个角落后，再次从医学和营养学的角度向过往家长进行解说。这一天，何志强又大获全胜，他共卖掉1000多杯酸奶，赚了300多块钱。

这一年春节，何志强穿着一身笔挺的西装回家了。他给父母和弟弟各买了一套衣服，还给了父母4000多块钱。

进入大二，何志强在校园里做出了一连串令人称奇的大举动。在接近暑假前，何志强花3000多元在一家电视台做起了奶品广告，还从学校里请了40多位贫困生做促销员，在全市7个县市进行了宣传。慢慢地坚持、积累，三个月后，何志强有了3万多订户，送奶工发展到100多人，而他的利润一个月就达到了人民币10万元！

1994年11月，读大二的何志强用自己赚来的钱在重庆市区买了一套二室一厅的房子。他将父母兄弟从乡下接到城里，过上了幸福而又富有的生活。

1995年10月，何志强已成为重庆校园内的名人了，人们不再叫他何志强，而称他为"何老板"了。身为大三学生的何志强理解贫家子弟的艰辛，他主动扶助了11名贫困大学生，每个月给他们150元钱，直到这些贫困学子大学毕业。

1999年8月，何志强放弃了医生职业，彻底跳入了商海。那时候，他已经身价百万了。

　　从贫困大学生到百万富翁，短短几年，何志强利用自己的"财智"，用40元钱孵化出4000倍甚至更多的钱，让人们看到了奋斗创造的奇迹。

　　对金钱的向往激发了何志强的财智细胞，让他爬到财富金字塔顶。

　　何志强是伟大的，至少，他把吸引力法则诠释得淋漓尽致，当你想要做一件事情，全宇宙都会帮你。虽然这个观点无法被证实，至少我是相信的，你对某些事情的期望和仰慕，会促使你朝着想要的东西而努力。而努力必然有收获，哪怕最终和你想得到的相去甚远，但早晚有一天你会如愿以偿。在信仰上不可迷信，在财运上可以迷信，别信命，信运吧。

3　褪去书生气：书生气是致富的大敌

　　毕业很多年了，你还在惦记着大学里你取得的友谊成绩，还惦记着你名牌大学的辉煌，那时候有多少女（男）孩子追你，在辩论赛上你如何展示妙语连珠的口才，运动会上如何出类拔萃；你开口闭口可能不是"我爸是李刚"，但总是"我导师，我们学校，我表哥表姐"之类的话；每次和同学通话，说起那个整天逃课学位证差点都没拿到却发了大财的家伙，你都愤愤不平把人家抨击个半天；对于单位里比你受老板器重的几个新员工，你总觉得自己怀才不遇，因为你学历比人家高学校比人家好，甚至是家庭条件比人家优越，你说人家是乡下来的或者外来妹……无论何时何地你总有种天然的优越感，认为自己才是有思想有文化有素质的高端人才，他人都是俗物下品。甚至是老板，你也不放在眼里，觉得他除了运气好一身铜臭之外，再也没什么了不起的。总之，你看不起比你穷的，看不惯比你富的。你看谁都不顺眼。哎，我的兄弟姐妹，你这么自以为是，你让我说您什么好呢？

我忍了再忍，还是忍不住说一句：你以为自己是文艺青年，其实你真是"有点二"。你飞扬跋扈，心浮气躁，这样你会一穷到底。因为书生气是致富的大敌。

小胡姑娘在一家传媒公司客服部上班，几乎每天都有一些快递小子敲门，有些是接送快递的物品，但大多是来送名片，宣传业务。他们送来的名片，小胡一般都会留下，顺手塞进抽屉里，用的时候随便抽一张，不管张三李四，打个电话，很快就会过来一个穿着球鞋背着大包的男孩子……对于这些快递小子，小胡从来不放在眼里，总觉得他们是些没知识没文化没前途靠劳力混饭吃的可怜家伙。和这些快递小子比起来，小胡貌似很有骄傲的资本，曾经武汉大学新闻系的才女一个，家境不错，追求者多得能站成一个排，其中不乏高帅富。

所以每次这些快递小子递名片过来，小胡看都懒得看他们一眼。直到他的出现。

他也是个快递小子，20岁出头，其貌不扬，还戴着厚厚的眼镜，一看就知道刚做这行，与其他快递小子不同的是，他竟然穿了西装打着领带，皮鞋也擦得锃亮。说话时，脸会微微地红，有些羞涩，不像他的那些同行，穿着休闲装平底鞋，方便楼上楼下地跑，而且个个能说会道。第一次来时，他只说了几句话，说自己是哪家公司的，然后认真地用双手放下名片就走了。皮鞋踩在楼道的地板上发出清脆的响声。小胡对同事说，傻小子还硬装绅士，穿皮鞋送快件，也不怕累。

几天后小胡有信函要发，正好找到了这小子的名片，于是就给他打了电话。电话打过去，十几分钟的样子，他便过来了。还是穿了皮鞋，说话还是有些紧张。

因为刚做不久的缘故，他比他的同行要认真许多，要确认签收人的身份，又等着接收后打开，看其中的物品是否有误，然后才走。所以他接送一个快件，花的时间比其他人要多一些，由此推算，他赚的钱不会太多。

因为他的厚眼镜、他的西装革履、他的沉默、他的谨慎、他的认真，小胡不小心地记住了他。但觉得这个行业，真不是他这样的笨小子能做好的。

转眼到了"五一"，放假前一天快中午的时候，他又来了。这次他换了件浅颜色的西装，皮鞋依旧很亮。手里提着一袋红红的橘子，进了门没说话，脸就红了。

小胡很诧异地问：有我们的快件吗？他摇头，把橘子放到桌面上，说，我的第一份业务，是在这里拿到的。我给大家送点水果，谢谢你们照顾我的工作，也祝大家劳动节快乐。

小胡和同事都有些不好意思起来，这么长时间，还没有任何有工作关系的人来给她们送礼物呢，而他，只是一个凭自己努力吃饭的快递小子，也只是无意让他接了几次活，实在谈不上谁照顾谁。他却执意把橘子留下来，并很快道别转身就出了门。

也许因为他的橘子、他的人情味，再有快递的信件和物品，整个办公室的人都会打电话找他。还顺带着把他推荐给了其他部门。

这样频繁地接触，大家也慢慢熟悉起来。他在很热的天气里也要穿着衬衣，大多是白色的，领口扣得很整齐。始终穿皮鞋，从来都不随意。小胡有次跟他开玩笑说，你老穿这么规矩，一点不像送快递的，倒像卖保险的。

他认真地说，卖保险都穿那么认真，送快递的怎么就不能？我的领导告诉我，去见客户一定要衣衫整洁，这是对对方最起码的尊重，也是对我们工作的重视。

小胡觉得这家伙太小儿科了，继续打趣他，对领导的话你就这么认真听啊？

听领导的话当然要认真，他依旧认真地解释。

小胡觉得这个家伙简直迂腐，这么简单的工作，他做得比别人辛苦多了，可这样的辛苦，最后能得到什么呢？一个要学历没学历要什么没什么的送快递的能多大出息。

那天小胡又打电话让他来取东西。因为她的大学同窗在一所专科学校任教，"十一"结婚，她有礼物送她。填完单子，他核对信息时冷不丁地说，啊，是我念书的学校。他的声音很大，把小胡吓了一跳。

小胡有些吃惊地看着他，问：你也在那里上过学呀？

可能那个地址让他有些兴奋，忙不迭地说，是啊是啊，我是学财会的，前年刚毕业。

天！这个其貌不扬的快递小子，竟然是个正规学校的大学生。

小胡忍不住问他，你有学历也有专业特长，怎么不找其他工作？

面对这样的询问，他有些不好意思，说，当时没以为专业适合的工作那么难找，找了几个月才发现实在太难了。我家在农村，条件不好，家里供我念完书就不错了，哪能再跟他们要钱。正好快递公司招快递员，我就去了。干着干着觉得也挺好的……

那你当初学的知识不都浪费了？小胡还是替他惋惜。

不会啊。送快递也需要有好的统筹才会提高效率，比如把客户根据不同的地域、不同的业务类型明细分类，业务多的客户一般送什么，送到哪里，私人的如何送……通常看到客户电话，就知道他的具体位置，大概送什么，需要带多大的箱子……他嘻嘻地笑，知识哪有白学的？

小胡真对他有些刮目相看了，没想到笨笨的他这么有心，而他的话，也真有着深刻的道理。

转眼又到了"五一"，节前总会有往来的物品，小胡又给他打电话来取东西，电话是他接的，来的却是另外一个更年轻的男孩。说，我是快递公司的，主管要我来拿东西。

小胡愣了一下，转念明白过来，他当主管了。

在询问中，小胡获悉，他是公司唯一干得最长的快递员，是唯一有学历的快递员，是唯一坚持穿西装的快递员，是唯一建立客户档案的快递员，是唯一没有接到客户投诉的快递员……所以他连升三级，从普通的业务员直接晋升到主管。

那一刻，小胡终于相信了，认真是有力量的，那种力量，足以让快递小子成功！

现在，那个笨拙的快递小子成了国内知名快递公司的副总，而清高的小胡，还在原地踏步！

我本来准备了大把的理论对那些个自命清高的文艺青年们再继续教育一番，可是有了这个故事，我觉得没必要多嘴了。这个故事，给了各位什么样的思考？毕业三年了，你依旧穷酸，是不是你姿态太高了？

4 走出心灵舒适区：越舒服越堕落

每个人都有一个舒适区域，在这个区域内是很自我的，不愿意被打扰，不愿意被催促，不愿意和陌生的面孔交谈，不愿意被人责怪，不愿意按照规定的时限做事，不愿意主动地去关心别人……这在学生时代是很容易被理解的，有时候这样的同学还跟"个性""另类"这些字眼沾边，算作是褒义。然而，在工作之后，你要极力改变这一特征。不然，你会很快变成公司年会上唯一没有人理睬的对象，或是因为人际关系紧张而职场挫败，甚至会因为压力而内分泌失调。但是，如果你能很快打破之前学生期所处的舒适区域，比别人更快地处理好业务、人际、舆论之间的关系，那就能很快地脱颖而出，踏入富人行列。

在会议上，一个停留在心灵舒适区域的人会消极地听取领导的话语，消极地待命，死板地完成上级交给的事情，但从来不关心此事以外的任何事情，更不会想到多做一步，让接下来的别人的工作越发容易上手。而敢于打破这个舒适区域的人，敢于在适当的时候提出自己的见解和不理解，并在得到上级认可和指点之后把手头的工作尽快地完成，并随时接受别人的批评和调整。

在办公室里，前者见了领导绕道走，想法设法回避与领导的正面接触。殊不知当他口口声声抱怨和领导走得太近不自在的时候，另一个不畏领导的同事却成了他的主管。而后者遇见领导，会主动打招呼，主动汇报工作，和领导混个脸熟，不失时机地给领导留个好印象。

在工作上，当前者碰上一名新的同事，会视而不见，继续自己的工作。可是新来的同事很快就变成了自己的上司。而后者则大方客气地自我介绍，并了解对方和自己的关系。

在聚会上，前者总是等待别人发言，并喜欢私下里评论对方的言语；如果这个桌子上没有人发言，那直到用餐结束，他也不会说一句话。而后者是勇敢地和一起用餐的人相互介绍交谈，这看起来很困难，有时候可能被误会，但有时你会发现，对方是多么希望能和你说几句话。

以上只是很小的几个例子，但是要说明的是，大学生在走出校园的同时就要在工作上把校园中的"随意性"从身边赶走，尽早地冲出自己的舒适区域，开始做好和这个社会交流的准备，否则，等待你的只有原地踏步，一事无成。

事实上，你越贪图安逸，上帝越不让你安逸，不敢冒险，实则是最大的冒险。

两颗相同的种子一起被抛到了地里。

一颗这样想：我得把根扎进泥土，努力地往上长，要走过春夏秋冬，要看到更多美丽的风景……

于是，它努力地向上生长。在又一个金黄色的秋天，它变成了很多颗成熟的种子。

另一颗却这样想：我若是向上长，可能碰到坚硬的岩石；我若是向下扎根，可能会伤着自己脆弱的神经；我若长出幼芽，可能会被蜗牛吃掉；若开花结果，可能被小孩连根拔起；还是躺在这里舒服、安全。

于是，它瑟缩在土里。一天，一只觅食的公鸡过来，三啄两啄，便将它啄到肚子里。

在慨叹两颗种子迥然不同的命运时，我们惊讶地发现这个简单的道理：越是想安于现状，越不能安于现状，因为各种不确定的因素使你的周围充满风险。相反，坚定地树起奋发向上的信念，走出心灵舒适区，敢于冒险，敢于承受岁月的风风雨雨，就一定会拥抱令人羡慕的成功。

一个年轻人离开故乡，开始创造自己的前途，他要实现人生的梦想。他动身的第一站，是去拜访本族的族长，请求指点。他对族长说："我的一生不能平庸，我不愿与草木同朽，我要与日月同辉，我要建立丰功伟绩，我该如何做呢？"老族长正在练字，他听说族中有位后生开始踏上人生的旅途，就写了三个字：不要怕。然后抬起头来，望着年轻人说："孩子，人生的秘诀只有六个字，今天先告诉你三个，供你半生受用。"

十年后，这个年轻人已建立起了一个商业王国，取得了巨大的成就。归程漫漫，到了家乡，他又去拜访那位族长。他到了族长家里，才知道老人家几年前已经去世，家人取出一封密信对他说："这是族长生前留给你的，他说有一天你会再来。"他这才想起来，十年前他在这里听到人生的一半秘诀，拆开信封，里面赫然又是三个大字：有何怕？

每个人来到这个世上，都注定了要经受许多苦难，指望躲避是逃不过的，逃得过今朝，逃不过明夕。与其自欺欺人，不如搏击风雨，换来雨后彩虹。

据社会学专家预测，未来的社会将变成一个复杂的、充满不确定性的高风险社会，如果人类自由行动的能力总在不断增强的话，那么不确定性也会不断增大。各种变化已经在我们身边悄然出现，勇敢地投身于其中的人也越来越多了。竞争意识的萌发，使敢于冒险的人们有了危机感，主动应对各种风险。缺乏竞争意识、忧患意识，安于现状、缩在心灵舒适区不肯出来的家伙，如果还没有被惊醒，就会被时代所抛弃，被前一种人远远甩在后面。

5 别被他人的创业悲催吓退咯

很多想致富的人在意欲干生意做买卖前，都习惯去向前辈们打听，多方了解下这个行业的行情和前景，企图听过来人传授些生意经，提点忠告，或者泄露点商业秘密啥的。可是，十有八九你听到的不是忠告和鼓励，而是恐吓！

大部分人都不会给你建设性的意见，他们喋喋不休地对你一再强调的是当年他们创业的历程是多么的艰辛，一路摸爬滚打，好容易才熬到现在。再者就是这个行业不好做了，竞争激烈，壁垒重重。还有就是投入非常大，一般人承受不起，万一投资失败，好多年都翻不过身来……

大部分人这时候会犹豫不决，转而考虑别的行业。别的行业也同样。最后他们只好什么都不做，一如既往地穷着。

这样的创业者我认为属于"找死型"。

你以为你打听的那些人真的很可信，会掏心挖肺地告诉你真相吗？那你太天真了，他们告诉你的不是真相，而是别有用心。你要知道，没有人喜欢自己身边再多一个竞争者。你的条件越好，他们越会阻止你，想法设法吓退你。另外，可能他们的出发点不同，立场不同，看问题的角度不同，得出的结论也是千差万别的。

今年春天，我姐想创业。她没有工作，当了半辈子的家庭主妇，而今一双儿女都已成人，工作的工作，读大学的读大学，45岁还算年轻，这时候想创业真是件好事。我很替她高兴。

我说你在家考察考察市场吧。需要什么支持的话我会帮你。

一个月过后，姐姐电话我，说她想来北京考察项目。

我问她你在家里没有考察好吗？

她说没有一个合适的项目。

你想知道我的姐姐是怎么考察的吗？我来告诉你。

姐姐想买个电动三轮车在城内营运，可是她问了问开三轮车拉活儿的朋友，他们都说现在电动三轮车的价格太高了，拉活的人也多，一天也没几个生意，要是前两年你干这个就好了，现在进入有点晚了。

姐姐想卖服装，可是卖服装的姐妹们说，服装生意不好做，店面租金太高，找到合适的货源也不容易，而且服装的利润太薄。无论你多便宜，顾客都觉得不够便宜，一再讲价，不好干哪！

姐姐想卖早点，可是卖早点的也说生意不好做，天天晚睡早起，又脏又累，赚不几毛钱。遇上市容整顿的还被驱逐。

姐姐想开化妆品店，可是问了问开化妆品店的朋友，他们都说赔钱的多赚钱的少，加盟品牌店吧，加盟费太贵，不加盟吧，管理和宣传上又不到位，吸引不到顾客。

姐姐想开个蛋糕店，问了问开蛋糕店的朋友，更是绝望，说一个人忙不过来，雇两三个人吧，一个月的利润不够开工资的，落个白忙活……

总之，姐姐把我们那个县里的生意买卖都底朝天地考察了个遍，得出的结论是：干啥都不赚钱。遂决定来北京找好项目。

听了姐姐一番苦诉，我对她说：如果你想来玩，那就来吧，我好好带你逛逛。若是为了找好项目，就别来了。因为北京地方虽然大点，但生意都差不多，无非是吃喝拉撒，生僻高端的你做不来，家常点的都已经有人做了。

姐姐显然听出我对她的行动很失望，她想听听我的建议。

我说你喜欢什么就做什么，你只需要听从内心的直觉，瞅准了哪行，稍微熟悉一下干就是了，不必打听，也不必怀疑。

姐姐听从了我的建议，做了她最喜欢的服装生意，现在已然是小富婆了。

古希腊有个寓言是这样讲的：一头驴听说獐唱歌好听，便头脑发热，要向獐学习唱歌。于是獐就对驴说："学唱歌可以，但你必须每天像我一样以露水充饥。"于是，驴听了獐的话，每天以露水充饥，其结果呢，没有几天，驴就饿死了。

这个故事讲起来有点残忍，可现实生活中很多人创业失败就是因为犯了上则寓言中驴子的错误——适合獐的套路只会把它带上死路。更何况，商业场上的人还不会像蟑那样实诚呢。那些生意做得好的人，肯定都有自己的套路，也就是秘诀，每件事情都有它不同的内在规律，所谓的秘诀实际上就只是那么一点点东西。九十九度加一度，水就开了。开水与温水的区别是这么一度。成功和失败之所以会有天壤之别，往往就是因为这微不足道的"一度"。可就是这"一度"，没人会告诉你的，即便是人家不干这行了，也不会告诉你。

名满天下的可口可乐中，99%是水、糖、碳酸和咖啡因，世界上一切饮料的主要构成也大概如此。然而在可口可乐中有1%的东西是其独有的，就是这个神秘的1%，使它每年有4亿多美元的纯利润。假如你想投资一个饮料厂，你向可口可乐的老总讨要他这个秘方，他会给你吗？和我先前说过的一样，他不仅不会告诉你这个1%，他还会吓唬你说出这个行业利润如何薄，竞争如何激烈之类的话。

所以，要想做成一件事，不要去向别人打听，只要你坚定信心，就像小马过河一样，以身试水吧。

6 别被老辈的"致富经"误导喽

关于成才和致富，爷爷奶奶爸爸妈妈一直教给我们的是：要听话要勤奋。实际上，循规蹈矩勤劳的人不一定能发大财。生活中很多非常聪明并且受过高等教育的人，无法赚得巨额财富，就是因为他们从小就受到了错误的教育，养成了勤劳的习惯，然任何事物都有两面性，不能偏执一端，过犹不及。很多人都记得爱迪生说的那句话：天才就是99%的汗水加上1%的灵感。并且被这句话误导了一生。勤勤恳恳地奋斗，只能领个小锦旗表扬信之类的东东，或是数额有限的奖金，根本给你带不来大把的钞票。

之所以发生这种状况，归根结底是因为时代不同了，致富规则发生变化了。

在工业时代，赚钱的规则是一份努力就有一份报酬。所以，勤劳致富；只有勤劳的人才会富有，懒惰的人不会有出息。有时间付出就有金钱回报，是这个时代的赚钱特征。

但到了20世纪末、21世纪初的信息时代，致富规则发生了改变。很多人可以利用信息来完成财富的巨大飞跃，一个绝佳的创意，一次成功的资本运作，可能使他们一夜之间成为亿万富翁。

所以，翻开现代中国商人的创业史，就会发现：20世纪80年代初的那些街边小贩、摆小摊的个体户，靠起早贪黑的勤劳致富了，成为了中国第一代百万富豪。而中国的第二代百万富豪，告别了"勤劳致富"的模式，他们是起步于90年代初的那些"炒房地产"、"玩空手道"的所谓儒商、官商。但后来，中国从短缺经济进入买方市场，"暴利"被"微利"所替代，勤劳致富的人们感觉有些心有余而力不足了！相同地，中国市场经济的逐渐成熟，让那些靠"脑体倒挂"和"皮包公司"而暴富的神话成为了历史。时代的进步，使致富规则快速地发生变化。

因此，时代不同了，不仅许多旧的生活规则在发生改变，赚钱方式甚至财富理念也随时代发生了重大改变。当今的经济社会，与农业时代和工业时代不同，由于信息的作用，创造财富已不完全是依赖于土地、工厂等有形的东西，各种集中了智慧力量的无形的信息，如知识、创意等，成就了一批又一批富翁。在信息时代，创富告别了"一步一个脚印"的缓慢的积累和进程，财富的增长可以超乎人们的想象，成几何倍增长。因此，与时俱进地更新观念、改进创富方式越来越重要了。

有一本畅销书叫《富爸爸 穷爸爸》，这本书热卖的主要原因，是因为它向世人揭示了"时代不同，致富规则已经发生改变"这一事实。书中的"我"有两个爸爸，一个是亲爸爸，教育程度很高，虽然是一个好爸爸，但却是个穷爸爸。相反地，另一个爸爸，教育程度不高，但却是个富爸爸！穷爸爸工作十分卖力，可是日渐增加的生活开支让他负债越来越多；而富爸爸的工作却越来越轻松，钱也赚得越来越多，过着"有钱又有闲"的富裕生活。为什么穷爸爸努力工作却难以致富？富爸爸轻松致富而且越来越悠闲？这其中固然有一些其他原因，但最为重要的是，穷爸爸的赚钱思路和方法没有跟上时代的变化。

说到"爸爸"这个话题，我真要带你见识一位真人版的"富爸爸"。

这位"富爸爸"的职业是乞丐！

那天，我从商场里出来，站在门口等一个朋友。一个非常绅士的乞丐发现了我，非常认真地、径自地停在我面前。这一停，于是就有了后面这个让我深感震撼的故事，就像上了一堂生动的市场调查案例课。为了再现这个神人乞丐身上的智慧之光，我凭记忆尽量重复他原来的话。

"美女行行好，给点吧。"一般情况下我不会布施这些人的，但他太亮眼了，他不脏，一脸实诚，甚至有点绅士风度。我一时好奇便在口袋里找出一个硬币扔给他，并同他攀谈起来。

乞丐很健谈："你知道吗？我一扫眼就见到你，你能买了JEEP的男装，说明你是个贤惠有爱心舍得花钱的姑娘……"

"哦？你懂的蛮多嘛！"我很惊讶。

"做乞丐，也要用对的方法。"他说。

我真的被他怔住了，这哪里是乞丐的语言啊，简直就是一个成功学大师的口气。我一愣，饶有兴趣地问："什么是对的方法？"

"你先看看我和其他乞丐有什么不同的地方？"他的语言很幽默呢，我仔细打量他，反正他不讨人厌。

他打断我的思考，说："人们对乞丐都很反感，但我相信你并没有反感我，这点我看得出来。这就是我与其他乞丐的不同之处。"我点头默认，确实不反感，要不我怎么同一个乞丐攀谈起来。

"我懂得SWOT分析，优势、劣势、机会和威胁。对于我的竞争对手，我的优势是我不令人反感。机会和威胁都是外在因素，无非是北京人口多和北京将要市容整改等。""我做过精确的计算。这里每天人流上万，穷人多，有钱人更多。理论上讲，我若是每天向每人讨1块钱，那我每月就能挣30万。但是，并不是每个人都会给，而且每天也讨不了这么多人。所以，我得分析，哪些是目标客户，哪些是潜在客户。"他润润嗓子继续说，"在西单区域，我的目标客户是总人流量的3成，成功几率70%。潜在客户占2成，成功几率50%；剩下5成，我选择放弃，因为我没有足够的时间在他们身上碰运气。"

"那你是怎样定义你的客户呢？"我追问。

"首先，目标客户。就像你这样的年轻女士，有经济基础，出手慷慨。另外还有那些情侣也属于我的目标客户，他们为了在异性面前不丢面子也会大方施舍。其次，我把独自一人的漂亮女孩看作潜在客户，因为她们害怕纠缠，所以多数会花钱免灾。"

"那你每天能讨多少钱。"我继续问。"周一到周五，生意差点，两百块左右吧。周末，有时可以讨到四五百。"

"这么多？"见我有些怀疑，他给我算了一笔账，"和你们一样，我也是每天工作8小时，上午11点到晚上7点，周末正常上班。我每乞讨1次的时间大概为5秒钟，扣除来回走动和搜索目标的时间，大概1分钟乞讨1次得1块钱，8个小时就是480块，再乘以成功几率60%（70%+50%），得到将近300块。""千万不能黏着客户满街跑。如果乞讨不成，我决不死缠滥打。因为他若肯给钱的话早就给了，所以就算腆着脸纠缠，成功的机会还是很小。不能将有限的时间浪费在无施舍欲望的客户身上，不如转而寻找下一个目标。"他继续补充道。

天哪，太强了！这个乞丐财商很高啊，像是一位资深的市场营销总监，看来今天能学到新的东西了。我告诉他接着说。

"有人说做乞丐是靠运气吃饭，我不同意。给你举个例子，大悦城门口，一个帅气的男生，一个漂亮的女孩，你选哪一个乞讨？"我想了想，说不知道。

"你应该去男的那儿。身边就是美女，他不好意思不给。但你要去了女的那边，她大可假装害怕你远远地躲开。"

有道理！我越听越有意思。

"所以我说，知识决定一切！"我听十几个总裁讲过这句话，第一次听乞丐也这么说。"要用科学的方法来乞讨。天天躺在天桥上，怎么能讨到钱？走天桥的都是行色匆匆的路人，谁没事走天桥玩，爬上爬下的多累。要用知识武装自己，学习知识可以把一个人变得很聪明，聪明的人不断学习知识就可以变成人才。21世纪最需要的是什么？就是人才。"

"在北京，一般一个乞丐每月能讨个千儿八百。运气好时的大概两千多点。全北京十万个乞丐，大概只有十个乞丐，每月能讨到一万以上。我就是这万里挑一中的一个。"太强了！我越发佩服这个乞丐了。

"我常说我是一个快乐的乞丐。其他乞丐说是因为我讨的钱多，所以快乐。我对他们说，你们正好错了。正是因为我有快乐、积极的心态，所以讨的钱多。"说得多好啊！

"乞讨就是我的工作，要懂得体味工作带来的乐趣。雨天人流稀少的时候，其他乞丐都在抱怨或者睡觉。千万不要这样，用心感受一下这座城市的美。晚上下班后带着老婆孩子逛街玩耍看夜景，一家三口其乐融融，也不枉此生了。若是碰到同行，有时也会扔个硬币，看着他们高兴地道谢走开，就仿佛看见自己的身影。"

听他晒完收入，晒完生活，晒完心态，我激动地说："你有没有兴趣收我做徒弟？"

……

以乞丐这样的行当为例，假如你问祖宗如何讨得更多的钱，他们会集体告诉你：穿得破衣烂衫，装得可怜兮兮，满街不停地跑，不停地要，死缠烂打。可是，这位乞丐"富爸爸"却用月薪一万的丐帮最高工资向世人证实"懒一点才能富一点"的道理。

现实生活中，有着无数的像"穷爸爸"一样的追求财富者，他们教育程度不低，工作也很卖力，甚至"五加二，白加黑"地加班加点工作，但终因财富观念不能与时俱进，不知道正确地赚时代的钱，结果当然是"没钱又没闲"。相反地，那些"富爸爸"深谙时代不一样了，他们率先跳出旧思维，大胆抛弃老观念，踏着时代的节拍，用正确的思维方式和正确的赚钱方法创造财富，结果是钱越赚越多，生活越来越惬意，有钱又有闲。

明白了这种差别之后，当你再次看到一些人生财有道、举重若轻、轻轻松松地赚得大量财富，而另一些人辛辛苦苦挣钱、为生活疲于奔命时，你不必再惊讶与诧异。因为，在当今社会，这才是正常现象。

7 野心是永恒的"治穷"特效药

你知道穷人发财致富的最大秘诀吗？我为各位讲一个真实的故事，秘诀就在故事里面，请慢慢看吧!

　　法国一位年轻人很穷，很苦。后来，他以推销装饰肖像画起家，在不到十年的时间里，迅速跻身法国50大富翁之列，成为一位年轻的媒体大亨。不幸，他因患上前列腺癌，1998年在医院去世。他去世后，法国的一份报纸，刊登了他的一份遗嘱。在这份遗嘱里，他说：我曾经是一个穷人。在以一个富人的身份，跨入天堂的门槛之前，我把自己成为富人的秘诀留下。谁若能通过回答"穷人最缺少的是什么"，而猜中我成为富人的秘诀，他将能得到我的祝贺。我留在银行私人保险箱内的100万法郎，将作为揭开贫穷之谜人的奖金，也是我在天堂，给予他的奖励与掌声。

　　遗嘱刊出之后，有48561人寄来了自己的答案。这些答案五花八门，应有尽有。绝大部分人认为，穷人最缺少的当然是金钱了。有了钱，就不会再是穷人了。另有一部分认为，穷人之所以穷，最缺少的是机会。穷人之穷，是穷在运气不好上面。又有一部分认为，穷人最缺少的是技能。一无所长，所以才穷。有一技之长，才能迅速致富。

　　在这位富翁逝世周年纪念日，他的律师和代理人在公证部门的监督下，打开了银行内的私人保险箱，公开了他致富的秘诀，他认为：穷人最缺少的是成为富人的野心。

在所有答案中，有一位年仅9岁的女孩猜对了。为什么只有这位9岁的女孩想到穷人最缺少的是野心？她在接受100万法郎的颁奖之日，说："每次，我姐姐把她11岁的男朋友带回家时，总是警告我说不要有野心！不要有野心！于是我想，也许野心可以让人得到自己想得到的东西。"

谜底揭开之后，震动法国，并波及英美。一些新贵、富翁在就此话题谈论时，均毫不掩饰地承认：野心是永恒的"治穷"特效药，是所有奇迹的萌发点，穷人之所以穷，大多是因为他们有一种无可救药的弱点，也就是缺乏致富的野心。他们所追求的只是一种平常、闲适的生活，有的甚至只要温饱就行，即有饭吃、有床睡，这样就注定了他们一辈子成为不了富人。因为他们的目标就是做穷人，当他们拥有了最基本的物质生活保障时，就会止步不前，不思进取，得过且过，没有野心让他们贫穷。也许他们在睡梦中有做过富人般生活的美梦，但是那不是真实的，梦毕竟是梦，现实的情况还是没有改观。

这里说的"野心"，正确地说，应该是我们常讲的"雄心壮志"。我们难以设想，一个心志不高的人，一个没有远大目标的人，连一张蓝图都没有的人，能够创造出什么奇迹。

相反，那些"胆大妄为"的野心家，基本上都如愿以偿。翻开历史，让我们回顾一下历史上有深远影响的人物，拿破仑在军事院校就读时曾立誓要做一名卓越的统帅并吞并整个欧洲，由此他的野心可见一斑。在军事院校期间，他将自己定位在一个很高的标准，严格要求自己，最终以优异的成绩成为了一名炮兵，开始了他的霸业之旅。成吉思汗扬言大地是我的牧场，有雄鹰的地方就有我的铁骑，造就了欧亚大陆上最大的帝国。同样，看一下当前，在改革开放的浪潮中，一批不甘平凡勇于挑战的弄潮儿们脱颖而出，借着改革的东风，实现了富裕。

说到这里，可能有人问了，现在是和谐社会，不是倡导"知足常乐吗"？

是的，"知足常乐"的确是一种调整心态和保持心理平衡的方法，它帮助人们在纷繁复杂的世界中保持心态的平和。但现在经常有很多人把这句话当作是对待事业和工作的一种态度，从而得过且过，不思进取。

我觉得，"知足常乐"首先是建立在"知"的基础之上，你首先知道世界上有种种的东西，有各种的人生境界，你是在"知"的基础上然后懂得"舍"，才"常乐"的。如果你在"全然无知"的情况下"常乐"，因为不知道而不去渴望，不去追求，那就是愚昧了，纯属"傻乐"。

也就是说，在"不知"的情况下盲目地安于现状是成功的大敌。"只要安稳地过一辈子就好，只要过得去就行了，不必赚太多的钱"。假如，你的脑子被这种念头占据，你就一辈子注定贫穷。

正如汽车大王福特所说："一个人若自以为有很多的成就，而止步不前的话，那么他的失败就在眼前。"许多穷人开始时挣扎、奋斗，但在他们牺牲了无数的血汗，使前途稍露曙光的时候便自鸣得意，开始懈怠，于是失败立刻尾随而至。

我想，无论个人、组织还是民族，都不要安于现状，因为现状根本就不曾停留。勇于创新、不断进取，才是人活一世的根本。

8 想得到金钱，你只需要做一件事

如果你想真正地、持久地得到大量金钱的话，你需要做一件事。

这件事到底是什么呢?

洛克菲勒，美国石油大王还是孩子的时候就身体力行这件事。他成为亿万富翁。

卡内基，美国钢铁大王也做了。他成为举世闻名的大亨。

到底这个最伟大的赚钱秘密是什么呢？

到底这个对任何人都有效的秘诀是什么呢？

将你的钱扔出去。

对。扔出去。

扔向那些帮助你触及你的精神世界的人们。

扔向那些启发过你，服侍过你，治疗过你，爱过你的人们。

扔，白扔，而不要期待回报，但是要坚信：回报一定会从某个地方来到你的面前，并且回报的数量会超过你的施予。

1924年，洛克菲勒写信给他的儿子，解释了他关于布施金钱的行为。他写道：从我还是孩子的时候起，只要我得到金钱，就一定会布施出去；随着我的收入的增加，我也同步增加我的布施。

注意到他的话了吗？

当他的收入增加的时候，他仍然增加他的布施。在他的一生中，共布施出5.5亿美元。

有人认为，洛克菲勒只是为了改善自己的公众形象，布施一点点小钱，装装样子而已。事实上不是这样。在洛克菲勒公司里负责公共关系的人是 Ivy Lee，阅读 Lee的传记《取悦公众》，我们可以知道，作为一种个人行为，洛克菲勒数十年来一直坚持布施，Lee所做的不过是让公众知道这些事情而已。

P.T. Barnum（美国著名广告大师，宣传家）也喜欢"扔钱"。Barnum认为，有一种他称之为盈利性慈善的规律，施与，必将获得回报。当然，他也是世界上最富有的人之一。

卡内基也有庞大的"扔钱"数额。当然，他同样是美国历史上最富有的人之一。

Bruce Barton，著名的BBDO广告公司的创立者之一，他也相信布施原理。1927年，他写道：如果一个人一直为他人的利益服务，甚至这种善行已经成为了他的一种下意识的习惯，那么宇宙中所有的山的力量都会汇集到他的身后，成就他的事业。

　　有人可能会说，这些早期的大亨们有的是钱，所以布施对他们来说是轻而易举的事情。而我们这些平头百姓，挣个钱不容易，谁拿着钱乱打水漂儿啊？

　　我要告诉你的是：你布施一部分金钱，将收获更多的金钱。这也是我这个普通人的切身体会。

　　刚开始来北京闯荡的年月，有一次我最穷困的时候身上只有40元钱，那是个寒冷的冬日，我揣着那40元钱在白颐路上徘徊，考研没考上，工作没着落，我绝望极了。看到天桥上有乞讨的残疾老人，我往他的搪瓷缸里放了10块钱。他给了我一个感激的笑脸，并和我讲了他如何残疾如何来到北京的故事。

　　半小时过后，我的BP机响了，一个多年前的朋友来北京走亲戚，想见我一面，当时我捏着手里仅剩的30块钱，犹豫不决，我是见呢还是不见呢？见人一面，我该不该请人吃饭呢？我从来不会做让自己良心不安的事，还是果断地和朋友约见，并用我仅剩的30元请她吃了顿便饭。

　　那顿饭下来我真的是身无分文了，第二天的饭费，下个月的房租，一点着落都没有。可是我一点都不害怕。你知道接下来发生了什么吗？朋友知道我爱好写作，并且正在找工作，恰好她的亲戚在一家杂志社任编辑部主任，社里急缺编辑，正委托她推荐人选呢。而我，正是合适的人选。未经面试，她的亲戚就决定录用我。第二天就开车把我的行李拉到公司，吃住都解决了！还给我提前预付了一月工资让我安心。而那个乞丐的故事被我用到我编辑的第一篇文稿中，获得了当月的优秀稿件，给我增加了500元的奖金收入！

　　也许你是一个怀疑论者，你会说所有这些事情都毫不相关。也许，在怀疑论者的脑子里，它们确实是没有关联的事情，但在我这里，它们是一回事。

　　当我捐钱给乞讨的老人的时候，我给自己和整个世界发出了一个这样的信息：我是有爱心的，是富有的，我在宇宙的良性循环的洪流中。同时我也建立了一个吸引金钱到我这里的磁性原则：布施，就会得到。

　　布施时间，你将收获时间。

　　布施产品，你将收获产品。

　　布施爱，你将收获爱。

布施金钱，你将收获金钱。

这个小小的提示已足以改变你的财务状况。想想上个星期谁曾激励了你？谁让你自我感觉良好？让你对生活、梦想、人生目标感到充实？

捐给这样的人一些钱或送给他们等价的礼物。要发自你的内心去做这件事，不要像一个吝啬鬼那样痛苦地布施。不要期望从你的给予对象那里得到回报，但你可以预期，回报一定会来到。

当你这样做的时候，你一定会看到你的富足的繁荣。这就是历史上最伟大的赚钱秘密！

第二部曲

方向正确，
"矮穷矬"照样登天

工资没变，物价飞涨；

竞争激烈，白领彷徨；

险象丛生，何去何从？

"屌丝"的钱袋为何总是空空？"矮穷矬"的命运如何改写？

电视上那些滔滔不绝的理财师们讲的道理怎么都这么不切实际？

贫穷是一种病，找到病因和病根才能根除。

听专家忽悠不如坐下来好好想想：谁"偷"走了你的钱包，谁阻碍了你的钱路，谁左右了你的财富。

方向一明，富路就通！

第四章

不怕你兜里没钱，就怕你脑袋里没料

1 所有的富翁都是靠智慧赚钱的

　　世界上所有富翁都是最会用头脑里的智慧赚钱的，你就是把他身上的钱都拿走，他也很快又会成为富翁，因为他失去了资金，失去厂房，但他还有智慧。洛克菲勒曾放言："如果把我所有财产都抢走，并将我扔到沙漠里，只要有一支驼队经过，我很快就会富起来。"

　　让我们再来看看脑白金和黄金搭档的热销，史玉柱的东山再起告诉我们，只要把脑子用活，失败了还会成功，再赚钱是不成问题的。

　　中国太平洋建设集团董事局主席严介和曾经被认为国内财富增长最快的人。他在做客新浪网时语出惊人："我觉得中国遍地是黄金，想怎么赚就怎么赚。不过经商靠的是智慧。"

　　用智慧赚钱有一个更加典型的例子：

　　第25届奥运会在西班牙巴塞罗那举行。该市一家电器商店的老板在奥运会召开前宣称："如果西班牙运动员在本届奥运会上得到的金牌总数超过10枚，那么顾客自6月3日到7月24日，凡在本商店购买电器，就都可以得到退还的全额货款。"这个消息轰动了巴塞罗那全市，甚至西班牙各地都知道了这件事。显而易见，大家此时在这家电器商店买电器，就等于抓住了一次可能得到全额退款的机会。于是，人们争先恐后地到那里购买电器。一时间，顾客云集，虽然店里的电器价格较贵，但商店的销量还是居高不下。

然而人们梦想的事情发生了。才到7月4日，西班牙的运动员就获得了10金1银，正好超过了该商店老板承诺的退款底线。此时距7月24日还有20天的时间。如果以前购买电器的退款已成定局，那么在后20天内购买的电器无疑也得退款，于是人们比以前更加卖力地抢购该商店的电器。

眼看老板要亏死了，但别急，老板是一位充满智慧的人。他在发布广告之前，先去保险公司投了专项保险。保险公司的体育专家仔细分析了西班牙往届奥运会，西班牙得到的金牌数最多也没超过5枚，一致认为不可能超过10枚金牌，于是接受了这个保险。这位老板这一次可以说是赢定了。西班牙运动员在本届奥运会上得到的金牌总数超过了10枚，电器商店要退的货款，届时将全部由保险公司赔偿。

赚钱的层次分为三个等级：最底层是靠体力赚钱，中间层是靠知识赚钱，最上层是靠智慧赚钱。我们许多人用体力赚钱，不少人用知识技术赚钱，极少人是用智慧赚钱的。在财富时代，智慧的人少之又少，有智慧又能抓住商机的人更是凤毛麟角。

就以卖杯子这么个简单的生意为例，你手头有一个杯子，它的本钱就是一元，你怎么卖？

用体力赚钱的人会这样卖：多进一些这样的杯子，按每个两元的价格出售。用板车拉着，满城乱跑，遇上城管还得东躲西藏，搞不好还会被全部没收。

用知识技术赚钱的人会这样卖：把款式设计得时尚些，再给杯子加一个漂亮的包装，可以卖到十元到二十元。如果杯子的品牌好，可以卖三十五十元。

用智慧赚钱的人会这样卖：把杯子说成是某个名人用过的或者把它和某个

历史事件联系起来，它的价值有可能是天文数字！

如何卖自己的杯子，就看你用怎样的方式了。物品的价格不仅仅是物品的本身，它的价值的提升有时候要看你赋予它什么东西，很多东西的价值是外在的，杯子外面的价值永远大于杯子里面的价值。要提升它的价值，只好用用自己的脑子，靠智慧。

我是很笨的人，就是我希望想赚到大钱的朋友好好动动脑筋，在商机到来的时候全面考虑一下，认真地思索一下，找到一个与众不同的出发点，靠自己的智慧取得自己想要的东西吧。只要我们开动脑筋，运用智慧，就可以把握住机会，成为财富的主人。

2 穷人和富人曾经在同一起跑线，眼光拉开了距离

我们往往只看到现在穷人和富人的差距，却忽略了他们的历史和过去。今天的富人，可能就是昨天的穷光蛋；今天的穷人，可能就是昨天的富人。穷人和富人，他们曾经站在同一条起跑线上，然而结果为什么迥然不同呢？是眼光不同吗？先来看看这样的故事。

三个小伙子结伴外出，寻求发财机会。在一个偏僻的山镇，他们发现了一种又红又大、味道香甜的苹果。这种优质苹果在当地的售价非常便宜。三个小伙子都看到了这里面的商机。

第一个小伙子望着这些苹果，喜出望外。他立刻倾其所有，购买了十吨最好的苹果，运回家乡，以比原价高两倍的价格出售。就这样他往返数次，成了家乡第一名万元户。

第二个小伙子望着这些苹果，沉思片刻。他用了一半的钱，购买了

一百棵最好的苹果苗，运回家乡，承包了一片山坡，把果苗栽上。整整三年的时间，他精心看护果树，浇水灌溉。

第三个小伙子望着这些苹果，一连几天围着果园东走走、西看看。最后，他找到果园的主人，用手指着果树下面，说："我想购买这些泥土。"

园主一愣，接着摇摇头说："不，泥土不能卖，卖了怎么长果？"

他弯腰在地上捧起满满一把泥土，恳求说："我只要这一把，请你卖给我吧！要多少钱都行！"

主人看看他，笑了："好吧，你给一块钱拿走吧。"

他带着这把泥土返回家乡，请专家化验，分析出泥土的各种成分、湿度等。然后，他承包了一片荒山坡，用了整整三年的时间，开垦、培育出与那把泥土一样的土壤。最后，他在上面栽种上苹果树苗。

十年过去了，三个人的命运迥然不同。

第一位购买苹果的小伙子依然去购买苹果，运回来销售，但是每年赚的钱越来越少了，有时甚至不赚或者赔钱。

第二位购买树苗的小伙子早已拥有自己的果园，但是因为土壤的不同，长出来的苹果有些逊色，但是仍然可以赚到相当的利润。

第三位购买泥土的小伙子，也是最后拥有并收获苹果的人，他种植的苹果色香味甜，引来无数购买者，总能卖到最好的价钱。

这个故事是现实的，三个人一个比一个聪明，他们留给我们很多启示。一样的机会，不同的眼光，不同的选择，产生不同的结果。最先赚到钱的人不一定赚得最多，谁考虑得长远，谁收获的就最多。这就是远见的掘金魅力。

生活中存在无数可能，赚钱的机会无处不在，可是，往往由于我们没有眼光，错过了发财的机会，而让财富从我们身边悄悄溜走了。或者说目光不够长远，眼界不够开阔，只看到眼前利益，而把更多的财源拱手让人了。

19世纪美国加州发现金矿的消息使得数百万人涌向那里淘金。17岁的雅姆尔也在其中。一时间，加州的淘金人饮用水奇缺、生活艰难。细心的小雅姆尔发现远处的山上有水。于是，她在山脚下挖开引渠，积水成塘。她将水装进小木桶，每天跑十几里路去卖水，做无本的生意。

淘金者中有人嘲笑她放着金子不淘却去卖水，但她不为所动。许多年过去了，大部分淘金人空手而归，而雅姆尔却赚了6700万美元，成为当时为数不多的富人之一。

你比别人穷，并不是因为上帝虐待你，给了你较少的发财的机会，而是你自己缺少发现财富的眼光，没有远见卓识。补齐这个缺口，你也能做到：即使卖水也疯狂。

对当下的境况有正确、理性的判断，对未来的目标能有个清晰、明确的看法，是远见力发挥作用的关键，它绝对是不能缺少的。

为了你拥有非凡的远见，就要认真地理解远见诞生的源泉所在及修炼方法。

(1) 远见不是靠施舍得到的，它生于内心

需要一个人拿出远见的时候，别人是帮不了忙的。远见是无法向人购买、乞求和借用的，它必须在一个人的内心产生。

如果你欠缺远见，就必须要求自己，通过你的天赋、知识及欲望去勇敢地描绘，向着呼唤你的方向前进。如果这样还是体会不到自己的远见，就设法找一位富有远见的成功人士，在接近他、了解他的奋斗过程当中，慢慢地去体会别人是如何表现自己的远见的。

(2) 练就飞行员的眼光和视界

要想赚大钱，你得向飞行员学习。请记住，飞行员是靠其远见力来控制进入其飞行环境中的一切的。没有远见，飞行员只能停留在地面上。

最优秀的飞行员除良好的视力之外，还具有环视360°的视界。他能提前觉察到地平线上出现的任何事物。也就是说，他不仅能看到眼前发生的事，同时还能预见到飞机、机组人员、乘客、气候和地面上即将发生的一切。由

于他们懂得控制所处的环境，所以，他们有一种超强能力，能够开创未来，实现愿景。

作为飞行员式的生意人，你同样可以运用非凡的远见力来分析和预测你的周围环境，用360°的视界观察人事物，不仅看到眼前，还应看到将来，眼界决定钱袋，这样的你就会走得更稳、更远。

3 只要有创意，年龄不是问题

一转眼，毕业三五年了，大家伙升官的升官，发财的发财，唯独你成绩平平，往人堆里一站很难被发现。你的境况就这么悲催，再加上三十而立的古训，于是你心生气馁，觉得意气风发的那几年都没发力，这辈子就很难混出个模样了。大可不必，先前我不是说了吗，时代变了，赚钱的模式和机制变了，年龄根本不是问题，只要你脑袋里有创意。

我来给你讲个朱哥的致富故事吧。

朱哥今年46岁，够老的吧？比你大多了吧？他是"中国家庭绿色蔬菜计划"的创始人，有着上千万元的资产。可是你知道他是哪一年开始创业的吗？43岁那年！三年的时间，他从农民起家，为自己创造了一个财富帝国。

朱哥是早些年上海某畜牧学校毕业的学生，当时他有留沪的机会，但因为家庭负担重，他义不容辞地选择了返乡就业，被分到了县农业局上班，谁知道由于他性格耿直，不会阿谀奉承，不仅没有高升，反而被调到了乡农机服务站。朱哥在那里一待就是十几年，眼看着同学个个飞黄腾达，自己却窝在鸟不拉屎的地方不得志，朱哥别提有多自卑了。这些年来大学同学搞了那么多次聚会，他一次都没有参加。

2008年的"五一"，朱哥又收到了毕业20年聚会的通知。望着镜子里渐白的头发，这一次他决定去，也许，见一面少一面了。年过四十，一事无成。朱哥心里的自卑仍然有增无减，可是这时候，他平生第一次有了改变命运的念头。他不停地在网上搜索同学发迹的英雄事迹，阅读别人的成功故事，有一个故事对朱哥启发很大。

美国富商达瑞8岁的时候，偶然有一个和成功商人对话的机会。当他对商人讲述了自己很想挣钱的想法时，商人给了他两个重要的建议：一是尝试为别人解决一个难题；二是把精力集中在你知道的、你会做的和你所拥有的东西上。这两个建议很关键，因为对于一个8岁的孩子而言，他不会做的事情很多，于是他不停地思考：人们会有什么难题，他又如何利用这个机会呢？一天吃早饭的时候，父亲让达瑞去取报纸。美国的送报员总是把报纸从花园篱笆的一个特制的管子里塞进来。假如你想穿着睡衣舒舒服服地吃早饭和看报纸，就必须离开温暖的房间，冒着寒风，到花园去取，虽然路短，但十分麻烦。就在达瑞为父亲取报纸的时候，一个好主意诞生了。当天他就按响邻居的门铃，对他们说，每个月只需付给他1美元，他就每天早上把报纸塞到他们的房门底下。大多数人都同意了，很快他有了70多个顾客。一个月后，当他拿到自己赚的钱时，觉得自己简直是飞上了天。很快他又有了新的机会，他让他的顾客每天把垃圾袋放在门前，然后由他早上运到垃圾桶里，每个月加1美元。之后他还想出了许多孩子赚钱的办法，并把这些办法集结成书，书名为《儿童挣钱的250个主意》。为此，达瑞12岁时就成了畅销书作家，15岁有了自己的谈话节目，17岁就拥有了几百万美元。

朱哥是个特别好学、特别爱动脑筋的人，这个8岁孩子的故事如同给了他一把寻找财富之门的金钥匙。

聚会的那天终于来了，朱哥意气风发地坐上了去上海的列车，心里想着8岁孩子的创业故事。这一趟，他有两个目的，一是参加聚会，向同学取经；二是寻找商机。

朱哥做梦都没想到，这商机来得是这么突然。

在聚会的饭局上，大家天南海北地聊着，聊完了往事聊完了工作聊完了家庭聊完了时政，最后话题落在食品安全问题上，因为大部分同学都在大城市生活，朱哥是唯一一个在基层生活的。大家都羡慕朱哥，说在这个想吃把不带农药的韭菜只能靠自己种的时代，朱哥生活在乡下是一件多么幸福多么有远见的事儿！

朱哥一直担心大家会看不起自己，没想到人人都羡慕他。言者无心听者有意，同学们都在喋喋不休地抱怨在城市根本吃不到绿色食品，而朱哥的脑袋里开始冒出了一个大胆的想法——怎样才能让城里人吃到廉价又无公害的绿色蔬菜呢？他要去解决这个大众难题，他要利用解决这个大众难题的机会成就自己的富人梦。

第二天，同学们还在把酒言欢不醉不归，他悄然去了上海市区的几个大型超市进行市场调研，然后又去了嘉定、南汇几个绿色蔬菜生产基地，认识了几位绿色蔬菜研究专家后，朱哥忽然有了自己的大胆设想，他要留下来，为上海甚至为中国城市居民彻底解决吃绿色蔬菜难这个大众难题。

这个想法着实让他费了一番脑筋。按照他的思路，最好有什么法子让所有的城市居民也像农民们一样，吃什么样的蔬菜基本都掌握在自己的手里，或者在自己的眼皮底下种植自己要吃的蔬菜，这样也不需要每天跑菜场了。可是，城市居民哪来的土地种菜？哪来的时间种菜？又哪来的技术种菜？再说，每个家庭每天又需要各种各样不同的蔬菜品种，哪里可能做到让每个家庭想吃什么就种什么呢？这一切几乎是完全不可能的事情。然而，朱哥现在已经找到了切实可行的办法来实现这一切。如果不是我亲眼所见，我绝对不会相信有什么办法能解决城市家庭种植绿色蔬菜的土地、时间、技术，以及想吃什么就能种植什么的这些问题。

碍于商业机密，我这里不能详细介绍朱哥的"家庭绿色蔬菜计划"，但我可以告诉大家的是，这样的绿色蔬菜种植已经风靡上海，并且在很多大城市被广泛推广，现在的朱哥早就成了千万富翁了。

从一个乡镇农技站的技术员，到身价千万的企业家，朱哥仅用了三年多的时间！而这一切，来得是那么的突然。

很显然，只要你有改变命运的想法，想致富，无论什么时候，都不晚。

4 只要有创意，资金不是问题

没钱，是很多人为贫穷找的最大的借口，就像一个不主动争取爱情的男人，看着喜欢的女人嫁给别人，只能自己劝自己说彼此无缘。

事实是，只要你有创意，根本不用钱做铺垫你就能稳赚，还有，即使需要钱，你也能想出办法搞到钱。

你一定知道温州人是世界上最会做生意的人，他们是中国最会赚钱的群体，他们的智慧丝毫不比犹太人差，可是好多有钱的温州人都是无本起家的。

有一个温州李姓的老板，从一无所有到8000万元家产的发迹史，就能够充分证明这一点。

当初，李老板一无所有，穷得连件像样的衣服也没有。当看到别人做生意，赚大钱，过上好日子时，他眼热了。但自己没有本钱，咋办呢？左思右想，毫无办法，他就到处走走，看看有没有出路。这一走，就走出了一条路来。

他发现，城里人开始讲究了，居室都布置得很好，清洁卫生每日都做，比如拖地。一块布抹地很费时费事，如果改用棉质拖把，那就方便简单多了。制作棉拖把有何难呢？于是，他就四处打听，看看能否弄些材料，结果，他在一家大棉纺厂的垃圾堆里，捡回了许多厂家丢弃的碎棉布条。他便利用它们，分理出来扎成各种拖把。拿到街上试销，每把售价两元。对，就先干这个无本生意。于是，他便放手干开了。一年之后，他居然积攒了500多元。

有了这500多元，他便考虑，怎样才能迅速致富呢？想来想去，考虑到自己没有本钱，还是觉得废物利用这一行最有赚头。于是，他又改变了只扎拖把的单一产品结构，东借西凑，弄了点钱，购买了缝纫机。他把捡来的破碎棉布中稍大的布块，拼缝成童装，细小的，便扎拖把。这样干了半年之后，赚了5000多元。

这时候，李老板的眼光放得更远了。他瞄准市场上毛毯热销，专门从上海、杭州等大城市棉纺厂、化纤厂中低价收购各种边角料，运回后，筛选分拣，那些大块的制作成童装；细小的，不再制作拖把，而是剥理成丝，纺成丝线，编织成各种毛毯，或者挂毯。

比如童装，每件成本相当低廉，原材料连同人工及各项开支打进去，也不过3~4元，而大宗批发，一般都在10元以上。那些用彩色化纤边角料编织而成的毛毯，则色彩鲜艳，构图巧妙，又结实密匝，因此，深受用户欢迎。产品销往全国各地。

尝到甜头后，李老板又加大投资，扩大生产规模，除了生产加工童装、毛毯之外，他还把业务扩展到饮食业上来。一年之后，他又开始涉足家电行业。当时，家电市场刚刚起步，李老板便率先行动，专营某国进口原装件产品，很快，便赚到了更多的钱，一跃成为千万富翁。

在有创意的人眼里，垃圾都能变金山。所以说，只要有创意，资金根本不成问题。金利来领带的创始人曾宪梓在一次电视专访说过一句话："做生意只要靠人的创意而不是靠本钱！"他说自己开始创业时开了一家裁缝店，只有三台破旧的衣车，专为当地人量体裁衣。当时这种裁缝店在香港多如牛毛，竞争激烈，惨淡经营。后来他想出了将做时装改为做领带，才走出困境，成就今天的事业。

如果你非要找到"第一桶金"才敢迈出赚钱的第一步，那也不难。下面我给大家介绍的创业第一桶金的赚钱方法是相对简单的，也比较实用，已经被无数大款试验过，你也可以用在自己身上。

(1) 一技在身

俗语说："拥有万贯家财，不如有一薄技在身。"就凭这一薄技，最低目标能养家糊口，最高目标可以发家致富，创下万贯家财。

张果喜是中国大陆第一个亿万富翁，也是迄今为止中国唯一把自己的姓名写到行星上的企业家。他是一个木匠，在上海艺术雕刻品一厂学会了生产雕刻樟木箱。有了这一手艺，在广交会拿到订单，二十个樟木箱，赚了一万多元。

第一桶金的掘得，使他把家当全部押在传统木雕业上，最终有了今天的成果。

陈逸飞到美国，先是替博物馆修画，报酬是3美金1小时。因画技出众而进入画廊，当听到有人出价每张画3000美金时，陈逸飞说："我一下觉得中了头彩，仿佛天上掉了个馅饼下来。"这样，才有了他后来的视觉产业。

没有手艺，要去学门手艺。首先最好是在你准备打天下的地方，学门拾遗补缺类的手艺。掌握手艺后，就要向精益求精发展，要在一个区域里竖起旗帜，并再进行区域的扩大。

(2) 借鸡生蛋

王志东虽然已经离开了新浪网，但他借船出海的举措，是运作相当成功的一例。

1993年，他向四通融资500万元港币，创办四通利方，后来，四通利方与华渊网合并，易名新浪。1999年，他在国际上融资2500万美元，后来，又向戴尔电脑和软银等融资6000万美元。2000年，上市纳斯达克，融资打开新天地。

荀子对此早有总结："假舆马者，非利足也，而致千里；假舟楫者，非能水也，而绝江河。君子非生异也，善假于物也。"

(3) 捕捉机遇

这个榜样是上海的杨怀定，人称杨百万。应该说，他的"第一桶金"是来自国库券的易地交易。苗头是在上海看到的，108元买进，113元卖掉，4个小时赚了800元。

他说："赚了以后，我就开始想入非非，到外地108元买回，到上海112元卖掉。"

心动不如行动，他立刻到合肥，那里的国库券与上海的差价是30元。两天时间，他就赚了6000元。他认为自己"找到了一条挖金矿的路"。

发现机会要有眼光，兑现机会需要行动。这一切，还要有学识、毅力等内功的支撑。

(4) 自己动手

不少富翁说过：有条件要上，没有条件创造条件也要上。

吉利汽车集团的董事长李书福的第一桶金是开照相馆掘得的。到南京路的冠龙，只买了几个灯泡。一千多元的反光罩买不起，自己动手做了一个，只要两元，他觉得与敲个白铁皮的水桶没有多大的区别，甚至连照相机上的皮老虎和装胶片的玩意，都是自己做的。

因此，对他后来敢造冰箱、造摩托车、造汽车，也就没有什么可以惊讶的。

在他眼里，"汽车只有4个轮子，1个方向盘，1个发动机，1个车壳，里面还有两只沙发。"

5 只要有创意，项目不是问题

很多人都在为项目发愁。手里有钱，也有创富的志向，可就是找不到靠谱的项目。

其实，只要你有创意，任何项目都靠谱。在一个有创意的人那里，从来不会闹项目饥荒，相反还会出现这种盛况：

人家看不见的商机，他能发现；

人家做不好的项目，他能做好；

人家做得好的项目，他能做得更好。

这是我的老乡老梁的财富故事给我的启示。

老梁是个大起大落的人，27岁已经是百万富翁，靠贩卖金银花发家。但由于他炒股票不理性，赔钱了，29岁时不但一无所有，而且欠下别人近50万的债务。不过你不用为他担心，现在他刚过33岁生日，债务早就还清了，又重返富豪行列，拥有名车豪宅，生活过得相当不错。他说"如果说我27岁时拥有100万靠的是天时、地利、人和，而今天自己能够起死回生靠的就是创意。"

老梁最困难的时候，差不多连吃饭都成问题，房租三个月没交，手机因欠费停机，找不到合适的项目，就只好每天靠开着辆破旧的嘉陵摩托车拉客糊口。在他所在的那个城市里，干这行的人也实在太多了，出租车也多，因此每天的收入很有限。有一次，老梁拉一个乘客去车站。乘客说他的行李箱太重了，提着走手会很累，拉着走远了腿也累，才不得不坐老梁的摩托车。这句话老梁印象很深刻，后来当他在车站等活的时候，看着来往的旅客手里都拿着大包的行李，显得非常吃力。有什么方法可以令旅客减轻负担呢？

老梁一直思索着。一次偶然的机会，又有个外来客在老梁摩托车旁边等公共汽车，等得久了，他干脆坐在自己的行李箱上面。

看到这样子，老梁突然灵机一动，如果做一个可载人的电动行李箱不就可以减轻行李负担吗？那个行李箱既可以用人拉着走，若是人走累了，主要在平

滑的路面上，人可以骑在上面，一按开关它便会走动。这会是个好项目。

根据这种构思，老梁买了一辆电动滑板车，将其中的马达和蓄电池拆下来，计算其体积大少，然后找一家行李箱生产厂按他的要求形状订做一个坚固的行李箱外壳。等外壳做好了，再将马达和蓄电池装嵌上去。这样，一个电动的行李箱就造好了，整个造价不到200元。后来老梁再稍作改进，还装有防盗报警装置，但总体来说构造简单，说不上有科技含量。

这就是老梁的创意产品！就是这样简单的行李箱，在那年的广东国际皮具箱包展览会上，老梁收到了120多万的订单。后来，他以100万将这个专利卖给一家行李箱生产厂，从此又过上安稳的生活！

创意可以让你无中生有，有中生优。

其实，像老梁这样的例子在当今的社会上有的是，只要你肯去思考，肯去挖掘，处处做有心人，好项目就不会与你擦肩而过。

当然，一个理性的创业者在想出来好项目之后还要进行评估，测评它是不是能给你带来利润，带来多大的利润。这并不难。

一般来讲，主要考察以下八个方面的特征，一旦符合，就要果断决策，立即行动，全力以赴！

(1)**产品好不好卖**。产品卖出去，把钱收回来，这就是赚钱的生意。如果产品不好卖，再多的投入，再大的努力都没有用，想赚钱，根本没戏。

(2)**市场够不够大**。市场不够大，没有发展的空间，没有折腾的余地，项目一开始就没了底气，没了冲劲，根本做不大。

(3)**利润空间要大**。利润空间不够大，毛利太薄，很难赚到钱。搞不好，辛苦做了一年，年底一算账，不但赔钱还要贴人工进去。

(4)**趋势特征明显**。把握趋势，追赶潮流也要踩好步点，赶早了，钱不好赚，开发市场成本太高；赶晚了，钱已经被别人赚走了！而且会越做越衰，越做越赔。

(5)**收入持续保障**。看中眼前利益的短平快项目很难让一个人真正赚到钱，真正赚钱的好项目是持续收益的，一年比一年轻松，一年比一年赚多。

(6)**业务模式要好**。赚钱要靠系统，赚钱要有套路，单靠个人的蛮力打拼和胡乱折腾，是难以出成效的。业务模式的好坏直接关系到赚钱的多少。

(7)**品牌效应突出**。做生意要懂得借力借势，红顶商人胡雪岩经商的秘诀是六个字：布局、造势、摆平。选项目看品牌已经是妇孺皆知的道理了，关键还要选中非常有潜力的品牌，这就更需要敏锐的判断力和独到的眼光，富人和穷人在这一点上的差距尤为明显。

不要老是抱怨自己想创业却不知道干什么，关键是你的创意够不够新，够不够吸引人。一个好的创意你能空手套白狼，四两拨千斤；一个好的创意会令你的事业独辟蹊径，柳暗花明；拥有一个好的创意你会风行天下、无往不胜。

6 只要有创意，生意小不是问题

创业真的需要很高的标准吗？

我的答案是：不需要。

条条大路通罗马，很多成功的企业家都是从小事做起，从单点突破，然后再一步步上台阶。比如李嘉诚从卖塑料花开始，柳传志创办联想前卖过旱冰鞋。

剪纸这门生意小吧？可偏偏有人把它当成创业项目，而且还做得红红火火，而且还是个年纪轻轻的90后小丫头。

子月是山西人，1990年出生，杭州一所大学市场营销专业的大四学生。在大学生创业园，她开了一家小店，里面摆满了她经营的产品——磁性剪纸。别看她年纪轻，从大一暑假成立公司，到现在已经赚了100多万。

若是普通的剪纸，肯定做不出这么好的业绩，可她脑袋灵活，创意了磁性剪纸。

"我的剪纸都是有磁力的，可以吸附在任何有铁的地方，比如冰箱、防盗门或者汽车上，"子月说，"有点像冰箱上的门封。"

店里的磁性剪纸品种比较多，一类是DIY剪纸，大多比较袖珍，只要把印有图案的不干胶纸和磁性材料贴在一起，依葫芦画瓢，剪下来就可以当装饰品用。"它不像纸那么容易破，所以剪起来比较容易上手。"还有一种是工艺品，花纹图案更复杂，有卡通、水墨画、风景名胜和人物肖像等。她说："这大多是外包给其他公司做出来的，你要剪也可以，就是需要很大的耐心。"

磁性剪纸是子月高中时就发明的专利产品，那时候堂姐结婚，她帮亲戚装扮婚车，奶奶剪的大大的双喜，让贴在车上，这可真有点难度，无论是用双面胶还是胶棒，都不理想，不仅粘得不牢稳，还把车身弄得很脏。那时候子月突发奇想，能不能找一个既不破坏剪纸艺术效果，又容易剪贴收藏的办法？后来她利用业余时间做了很多实验，就有了磁性剪纸，还是老爸帮忙申请的专利。

刚考上大学，子月的磁性剪纸就被山西省文化厅选中，代表山西去北京奥运公园参展，她设计的郭晶晶、菲尔普斯等优秀运动员肖像剪纸成了抢手货。后来她又参加了很多比赛，得了不少大奖。看到有那么多人喜欢磁性剪纸，很有商业头脑的子月马上就想到要把它市场化。

2009年6月，刚上完大一的子月在义乌成立了公司。"启动资金只有3万"，她有点不好意思，"北京奥运展时赚了点钱，再跟亲戚借了点，才凑到3万块的。"

当时有个很好的机会帮了她，她的磁性剪纸获得了杭州"大学生创业大赛"一等奖，主办方给她提供了免两年租金的写字间，从此公司正式落户杭州。

"除了自己店里直销产品外，最主要就是找加盟商。"子月说，加盟不收加盟费，只要有固定的店面，单次进货满2万就可以。一年半下来，她在全国有了50多家加盟店，粗略估算，光靠给加盟商供货就赚了100万。

现在，子月已经有了自己的加工厂。她和国内几位老剪纸艺人签了约，请他们帮她设计图样，同时还在申请新的专利，她相信不断创新才会有市场。

只要脑袋里有创意，再古老的生意也能做活，再小的生意也能做大，这就是90后创业明星子月同学给我们的启示。

现在，全世界创意经济每天创造220亿美元，并以5%的速度递增，美国的增长速度甚至达到14%。英、美、澳等发达国家，或以创意产品、或以特色营销、或以创新服务作为自己的发展特色，产生了巨大的经济效益。在国内，创造力也已无可争议地成为商业成功的一个最重要因素，创意产业已成为新的经济推动力和新的财富增长点，对于想在创意产业中"分一杯羹"的创业者来说，需要从以下两个方面注意提高自己的创意能力。

(1) 创意需要知其所以然

所有的创意都是来自于已知创意的结合。来自瑞典的"创意泰斗"费德里克·阿恩用一个公式来表示创意：IDEA=P×（K+I），P-person（人），K-knowledge（知识），I-information（信息资料）。他认为所有的创意都是源自一个人现有的知识和已知的信息资料的化合物。

对此，阿恩举了三个案例，Google、Skype和ICQ。

Google，被称为具有创意的公司之一，但它实际上并不是搜索引擎和关键词搜索的创始人，他们只是利用现有的知识把两个旧事物结合在一起，从而成为了具有创意的好主意。

Skype，同样大家都认为它很有创意，可它并没有发明创造网络和电话，也没有发明网络电话，只是把网络和电话结合，并在正确的时间进入市场，给用户提供了方便快捷的沟通方式。

ICQ（网上寻呼机），它既有邮件功能，也有聊天功能，两个功能各占50%。这个新产品就是通过合并这两种创意以及其他创意创造出来的。在短短几年里，ICQ已拥有超过两千万的用户，因为现有产品无人能和它竞争，它完全是个新产品。

所以阿恩认为，一方面创意是很容易的事情，人人都可以做到，只是借助你所知道的两件事情结合在一起就可以变得有创意。但另一方面，创意是一件很困难的事情，你要知道什么样的事物是可以结合的，并且要知道如何将它们结合、在什么时间结合才是具有创意的。

(2)　"不满意"是创意的源泉

创意源自问题，包括有意识的和无意识的。要勇于不断地发掘问题，解决问题，才能产生灵感，产生好的创意。

只要存在对现有一切不满意的人群，新产品或新服务就会有市场。但我们很少能意识到我们周围存在的问题。在发明了语音应答系统以后，很多人会奇怪在没有这个语音系统之前，人们是如何处理事情的。手机的发明也常使我们迷惑：过去仅仅用固定电话的日子怎么能生活？

李纳斯·托沃兹是Linux的发明者，他所著的书中有这么一段："是什么让我对电脑操作系统感兴趣的呢？我买了一个软盘驱动装置，因为我不想用硬盘。但软盘的驱动程序太糟糕，所以最终我只能着手开发我自己的操作系统……"这就是Linux操作系统诞生的原因。这个成功者的故事可以证明：找到并解决困扰你的问题是个好主意。

7 谁的钱好赚，就赚谁的钱

天天梦想赚钱，可你想过要赚谁的钱吗？

哪些人的钱最好赚，就赚哪些人的。所以哪些人的钱好赚，是创业赚钱者设计创业赚钱模式时必须搞清楚的大问题。只有搞清楚了哪些人的钱最好赚，才能真正瞄准市场需求，抓住主要消费群体，又快又好地创业赚钱。比如，你想赚35岁左右女人的钱，那你适合卖高档内衣，或者开瘦身中心，如果你想赚20岁左右小姑娘的钱，你最好加盟"啊丫丫"之类的饰品店，肯定比卖昂贵的内衣更容易发财。

那么，哪些人的钱最好赚呢？

第一，赚老人的钱

犹太人的经商哲学是专门赚两个人的钱，即女人和小孩。现在，有眼光的商家已经开始策划赚第三个人的钱，而这"第三个人"就是老人。

随着人口老龄化的不断扩大，老年人成为一个庞大的消费群体，所以致富可以从老人下手，开老人用品店、老人服装店、老人化妆品店、开办老人疗养院，提供老人看护服务等等，这都可能成为赚钱的好路子。

第二，赚懒人的钱

社会愈来愈进步，人们变得愈来愈懒。有人称，这是"遥控器的一代"，做什么事，你如果能想出"一把"遥控器来，包赚大钱。

向往方便，这是人们在解决了温饱之后自然而生的一种需求，从某种意义上说，正是人类对于方便的无止境的追求，推动了科技和社会的进步。君不见，有人把洗衣服视作苦差事，便有了洗衣机、甩干机、烘干机；有人嫌煮饭费事，便有了电饭煲；有人懒得去对光圈、速度，便有了"傻瓜"照相机，还大言不惭地说这是"聪明人的选择……"

第三，赚情侣的钱

在北京后海酒吧街上，每当霓虹灯点亮的时候，就活跃着一批卖玫瑰花的小姑娘大姐姐，她们卖的花质次价高，但收益不错。因为这里情侣很多，那样的氛围大家只顾着陶醉在你侬我侬的恋情中，没人计较那几块钱。

在南京鼓楼广场空地上，有人对着看月亮架起了一支天文望远镜，供晚上行人观看月亮，每看1分钟，收费1元。

这一新鲜举措吸引了不少行人，特别是年轻男女，月亮永远是人们浪漫的幻想，在与恋人散步的晚上，若能握着爱人的手，目睹那遥远的月球"细节"，真是一种难忘的享受。有人估计，这位出租望远镜的中年人，一个晚上可挣60元。更有情趣的是，这位有心的老板，还在一侧不停地播放一首流行已久的歌——《你看你看月亮的脸》。

第四，赚想赚钱者的钱

如今，想赚钱的人越来越多。按行业分，他们有各自的群体，形成独特的消费群，如果能开辟专心为他们服务的项目，肯定能赚钱。

前几年，各地"海鲜楼"纷纷涌起，三流的生意人看到别人挣到大钱。也东施效颦地如法炮制，但收益并不理想。而这群人的口袋，却被一些一流的冷静的生意人盯上了。在厦门就有这么一个生意人，她专门为这些海鲜楼老板出售海水，生意越做越大，她终于成为一名日进斗金的富婆。

第五，赚忙人的钱

这个时代，忙人特别多，而问题是，忙人往往也特别有钱，你看街上那些手持iPhone的先生小姐，他们不时地大呼小叫着，如果你能做到见缝插针为其服务，一定会找到生财之道。大城市街头卖报人见缝插针地向的士司机和乘客卖报；净菜公司每天将蔬菜浸泡冲洗后，按每周不同的菜谱配菜，送货上门。忙人多，自然挣他们的钱也多。

第六，赚爱玩人的钱

随着人们休闲意识的日益增强，爱玩的人与日俱增，提笼架鸟、养花弄草、抛石掷弹、品芳玩票、下棋玩牌、唱歌跳舞，真是五花八门，玩不胜玩。市场经济条件下，玩也需要大把花钱，于是一些"市场眼"敏锐的人便瞄准玩性十足的人，大赚其钱了。

第七，赚单身人的钱

家庭细分成了现代社会发展的趋势，单身者在现今社会占有相当比例，他们正逐渐形成一个独特的消费层面，因而开发单身用品市场大有钱赚。单身者最头疼的是一日三餐，他们需要简单、可口、营养足够的快餐食品。如果市场上有一人一餐的小包装食品套餐和速冻菜肴，定会受单身一族欢迎。小巧、方便，量少、质优，一次性使用等价格便宜的日用品也颇受单身者青睐。

知道哪些人的钱最好赚，就可以合理调整创业赚钱思路，更好地创业赚钱了。

不怕你银行没资产，就怕你手头没资源

1 善用资源，穷鬼也能一步登天

没有钱，可以做生意吗？可以！

没有钱，可以做大生意吗？可以！

也许你认为这是天方夜谭，但是我这里用事实告诉你，不但可能，而且肯定能！

假如你是一个只有19岁的穷大学生，连上学的钱都不够，能够不偷不抢、也不从事任何其他非法的行动，而是完全凭自己的智慧，在短短1年内赚到100万美元吗？我估计：大多数人听到这样的问题，都会笑着摇头说："不太现实！"

如果我再问一句："你相信有这样的人吗？"

我进一步断定：还是会有不少人会摇一摇头，说："不太可能！"

但是我要告诉你：这样大多数人认为"不太可能"的事，却有人做到了。

这个人名叫孙正义，日本"软银集团"的创始者，一个被誉为"互联网投资皇帝"的人。

全世界没有一个人，包括比尔·盖茨，能够拥有比他更多的互联网资产，他投资的雅虎等互联网资产，占有全球互联网资产的7%。看看他是如何利用智慧赚到人生第一个100万美元的。

在制定人生50年规划时，他还是一个留学美国的穷学生，正为父母无法负担他的学费、生活费而发愁。他也有过到快餐店打工的想法，但很快又被自己否定了，因为这与他的梦想差距太大。

左思右想之后，他决定向松下学习，通过创造发明赚钱。于是，他逼迫自己不断想各种点子。一段时期内，光他设想的各种发明和点子，就记录了整整250页。

最后，他选择了其中一种他认为最能产生效益的产品——"多国语言翻译机"。但这时问题马上来了：他没有任何资源。

首先，他没有人脉资源，自己也不是工程师，根本不懂怎么组装机子，而且他也不认识其他的工程师。但这难不住他，他向很多小型电脑领域的一流著名教授请教，向他们讲述自己的构想，请求他们的帮助。

大多数教授拒绝了他，但最终还是有一位叫摩萨的教授答应帮助他，并为此成立了一个设计小组。

这时孙正义又面临着另一个问题：他手上没有钱，也就是我们中间大部分人所说的没有资金。

怎么办？这也难不倒他，他想办法征得了教授们的同意，并与他们签订合同：等到他将这项技术销售出去后，再付他们研究费用。

产品研发出来后，他到日本推销。夏普公司购买了这项专利，并委托他再开发具有法语、西班牙语等7种语言翻译功能的翻译机。这笔生意一共让他赚了整整100万美元。这个身高仅仅1.53米的矮个子，19岁时就制定了自己50年的人生规划，其中一条，就是要在40岁前至少赚到10亿美元。

如今他已40多岁，这个梦想也早已成了现实。

这就是孙正义，他用智慧让一个个"不太可能"变为了"绝对可能"！

坦白地说，当我在电视上看到孙正义——这个憨厚地笑着的矮个子轻描淡写地讲述他19岁就赚到100万美元的故事时，我的心灵受到了极大的震撼！我不只是敬佩他在短短的时间内赚到了这么多钱，而更因为从他的经历中我得出了这样一个理念：

一个人只要开通"脑力机器"去解决问题，就能创造没钱也能做成大生意的奇迹！

没资源不要紧，智慧能创造一切！想赚钱，你不一定要有很多的资本金，但你一定要有好的创意、点子吸引别人为你投资，甚至是免费为你劳动。你不一定非要自己很优秀，也不一定要自己很勤劳，但是你一定要懂得整合资源。把这些优秀的人才团结起来，把这些勤劳的人团结起来，你就能创立最优秀的企业，你就能成为最赚钱的人。当然，这些话说起来容易，做起来难啊！为了成功地整合资源，你一定要使自己变得很优秀，因为你不优秀，别人凭什么听你的，除非你能做到他们做不到的事情。

在创业的道路上，你之所以迟迟打不开局面，往往就因为你思路贫乏，拥有不少心灵枷锁，这些枷锁限制了你想象力的发挥，降低了你的资源整合能力。只要我们勇于打破这些枷锁，学会"心灵解套"，这种没钱也能做成生意的奇迹，就很容易在你身上实现。

2 每个人手里都攥着得天独厚的资源

曾经在报纸上看到过这样一个故事，让我感触颇深：

在南非的凯姆伯雷，一位贫穷的农民在一块到处都是石头的土地上劳作。他的儿子时不时地从土里捡起一块块布满泥土的硬物，把它当成卵石来砸那些不听话脱了群的羊。

这位农民在那块地上劳作几年后，觉得没什么收获，便放弃了他想在那片土地上发家的念头，举家迁移到了另外一处比较肥沃的土地上。

今天，那位农民曾经劳作过的那片并不肥沃的土地，成了举世闻名的凯姆伯雷金矿，那块土地自然也是地球上最富裕的地方之一。农民的儿子整天随手扔出的硬物，实际上都是价值不菲的金块！

我们中的大多数人，就像那位贫穷的农民。也曾努力过、奋斗过，然而我们时常因为没有认识到自身的能量，没有认识到我们四周的宝物，最终半途而废。我们一直生活在贫寒之中，直到有一天，有人来到我们身边说，金矿就在你脚下！

实际上，上帝对他的子民不会厚此薄彼，他赐予每个人同等的致富机会，每个人手里都攥着得天独厚的资源，哪怕你是农民、乞丐，还是拾荒者。

2006年国庆，在广东打工的张先生和朋友去佛山玩。那段时间，他和工友的心情都很郁闷，在那个大款云集的富庶之地，张先生已经打了五年的工了，并没有攒下多少钱，远在湖南老家的儿子马上要考大学了，张先生肩上的担子更重了，他不想再这样漫无目的地打工下去，他要找一个赚钱的新方向。

在佛山，他看见一家工艺品店出卖各种用蝴蝶做成的书签，每个售价5元，生意非常好，他也想自己试做一下，但由于蝴蝶太厚过不了塑，他折腾了一个多月也没有结果，只好作罢。

年底回家过春节的时候，张先生随便翻看以前的书本时，看到一张书签，才想起自己曾经摆弄过的蝴蝶。他想，蝴蝶覆不了膜，那能不能用真花做成书签呢？经过一个星期的试做，书签终于做成了。但书签上的花草不仅形状变了，颜色也变了。这次他没有放弃，经过半年多的刻苦钻研，通过压制干燥，张先生解决了花草变形变色的难题。

2007年"五一"前夕，张先生制作了800多张有花有叶的书签贺卡，让儿子送到城里的几所中学商店代销，短短一周内就被学生们抢购一空。真花产品如此受城里人和学生的欢迎是张先生始料不及的，他和妻子都辞去工作，全家动手制作书签，但仍远远不能满足市场需求。

经过几年的刻苦钻研，张先生和妻子一道，不仅解决了花材褪色、发霉的难题，还开发出了一系列压花工艺品、叶脉工艺品、蝴蝶昆虫工艺品、五谷字画工艺品和干花工艺品。如今，他们已开发出系列产品，如压花蝴蝶、书签、花卡、贺卡、相夹、台历、手机链、钥匙扣、项链、手镯、包饰、烟灰缸、压花画、七彩画、婚纱画等压花产品。

从前湘西大山里分文不值的野花野草，经过张先生夫妇的加工，一年就卖出了30多万元。2008年春节前后，他们销售了10多万元的产品，还办起了一个10多人的工厂。对于张先生制作的压花产品，许多学生都很好奇。针对他们的好奇心，张先生开设了一个花吧，让学生自己动手制作各种产品，体验创作的快乐。

随着市场的扩大，张先生发现简单的压花产品只能吸引学生，为了引起更多消费者的注意，他开始摸索制作了压花相框、压花装饰画等系列产品，他们还和浙江一家工厂合作开发了更高档的产品，这些产品一投放市场就得到了顾客的喜爱。

张先生一家真是做梦也没想到，这些不起眼的花花草草竟然成了他们家的赚钱机，成就了无本万利的买卖。在这之前，他们世世代代都抱怨生在这穷乡僻壤的地方求财无门。现在，他们再也不抱怨了。

现在的人们热爱自然，崇尚返璞归真，花草工艺品由于采用了大自然中形形色色的花草树叶及蝴蝶、蜻蜓做成，绝无雷同，在很大程度上满足了人们返璞归真的心理及表达情感的个性需求，由此延伸出的各种工艺品在礼品和旅游用品市场上也有着很大的发展空间。与此类似的还有山东临沂一位农村妇女用稻草、麦秸编织家居饰品，现在她一个月的盈利就比以前一年的土地收入还要多三倍！

其实，每个人出生时，被赋予的潜能和资源并没有多大差别。人后来的成就却有很大的不同，全在于每个人一生对自身的潜力开发了多少，对自己的优势资源认识了多少，利用了多少。

看看自己脚下的土地吧！假如天堂可以在遥远的另一个地方，为什么它不可以在此时此地呢？天堂就在当下，金子就在你的脚下。只要你能认识并充分地利用自己所拥有的一切资源——包括你所处的环境、你身边的人脉，以及你自己本身，你就可以创造不可思议的奇迹。

3 遍地都是商机，而且是白捡的

商机就是赚大钱、发大财的机会，是能够让一个人成就一番大事业的难得机遇。时下大家耳熟能详的富商巨贾，大多是依靠某一个商机偶然发迹，后逐渐做大的。每个人都在苦苦地寻找商机，但商机在哪里呢？

商机就在你脚底下，俯拾皆是，而且还是白捡的，不需要你留下一分买路钱。

大家都知道牛仔裤的发明人是美国的李维斯。当初他跟着一大批人去西部淘金，途中一条大河拦住了去路，许多人感到无奈，但李维斯却说"棒极了！"他设法租了一条船给想过河的人摆渡，结果赚了不少钱。不久摆渡的生意被人抢走了，李维斯又说"棒极了！"因为采矿人出汗很多饮用水很紧张，于是别人采矿他卖水，又赚了不少钱。后来卖水的生意又被抢走了，李维斯又说"棒极了！"因为采矿时工人跪在地上，裤子的膝盖部分特别容易磨破，而矿区里却有许多被人丢弃的帆布帐篷，李维斯就把这些旧帐篷收集起来洗干净，做成裤子，销量很好，"牛仔裤"就是这样诞生的。李维斯将问题当作机会，最终实现了致富梦想。他的这个机会根本没花一分钱。

时尚蜡烛之王陈索斌其实是学经济出身，对蜡烛一窍不通，为什么会选择时尚蜡烛作为自己的创业商机呢？原来在1993年的一天晚上，陈索斌到一位朋友家中谈事，突然遇到停电，朋友的妻子赶紧找出一截红蜡烛点上，烛光下红彤彤的蜡烛一股股地冒着黑烟，忽明忽暗。朋友的妻子在旁边抱怨说："如今卫星都能上天了，怎么这蜡烛还是老样子，谁要是能捣鼓出不冒黑烟的蜡烛，说不定能得个诺贝尔奖什么的。”就是这样一句话触动了陈索斌，于是不久就有了“金王”。再不久，“金王”成了中国的时尚蜡烛之王。随着“金王”的成功，陈索斌自然而然也就成了亿万富翁。

大家常常慨叹商机没有垂青到自己的头上，其实，商机都是天上掉下来的馅饼，抓住的人都是白捡的。白捡商机的事例俯拾皆是，最典型的莫过于《老天津》这本书里记载的德国流浪汉施礼德在天津的发财故事。

施礼德乘船从德国到达天津的时候，已经身无分文，饿了一整天，只好在天津的大街小巷里瞎转悠，觅食充饥。直到晚上九点多钟，一条狗窜出来，嘴里叼着一根骨头，施礼德从狗嘴里夺下它，吃到了来天津的第一顿饭。然后，他走到德国租界，在一家小洋楼的墙角处坐下来，准备过夜。此时，一小包东西从楼上扔了下来，正好落在施礼德的身边。施礼德捡起来一看，是一包做针线活用的针。第二天，施礼德带着这包针，又捡了一块木板，走到租界玩掷针的把戏去了。“当”的一声，经过改造的针就扎在了木板上。施礼德一招呼，一些好奇的人就围上来了。施礼德原本想向人家讨几个把戏钱，但出乎意料的是，有些围观者居然要向施礼德购买这些针。经过一番讨价还价，施礼德的一包针（共72支）以每支1角钱的价格全卖了。有了7元2角以后，施礼德就不愁没有饭吃了，因为当时天津一袋白面才2元钱。施礼德觉得在天津真是好赚钱，于是转身就走回德租界，挨家挨户地收购针去了。他以1角钱1包的价格，用刚刚赚到的7元2角买了72包，出了租界再以1角钱1支的价格卖给天津人，由此到手的钱就有了518元2角。一个前一天晚上还在与狗抢骨头的德国流浪汉就这样戏剧性地发迹了。

商机经常在每个人的眼前晃来晃去，为什么有的人能够抓住，而大部分人却看不到呢？这是由商机的特性决定的。

商机是一种偶然性，可遇而不可求。每一个具体的商机，都是在特定的时间和特定的地点出现的一系列偶然发生又稍纵即逝，并且不再重复出现的琐碎事件组合中隐藏的因果关系。由于每一个场景（特定琐碎事件的组合）分别对应一种因果关系，这就不存在关于商机的普适性知识。有关商机的知识都是有场景的知识，而有场景的知识往往是人类有明确目标的活动之无意识的副产品。因此，商机实际上是有明确目标的活动无意识附带形成的副产品。

在日常生活中，大家普遍关注的是自己活动的"明确目标"，而往往忽略了自身活动能够产生或可能产生的某种副产品。只有用心的人才能留意到副产品的产生，并不用花费任何代价白捡这些副产品。就像陈索斌，他去朋友家的"明确目标"是"谈事"，却白捡了一个对"不冒烟蜡烛"的需求信息；施礼德去德租界的"明确目标"是"过夜"，却白捡到了一包针。这些商机的获得，从经济学的意义上而言，是零成本的，是"有明确目标"的活动的"副产品"。虽然天上不会掉馅饼，天下也没有免费的午餐，但商机的全部成本却是由"有明确目标的活动"完全承担了，作为副产品的商机，获得它也就是零成本，是白捡的。

其实，人们所从事的任何活动的结果都不是单一的，一项活动产生的结果，除了活动明确追求的结果之外，往往还会伴生一些意想不到的结果。有时费尽心血去追求某种结局，却总是追不到，反而获得了意外的收获，这更是有明确目标的活动所衍生的副产品，所谓有心栽花花不发，无心插柳柳成荫是对这类副产品的最传神的描述。

看来，要想获得好商机，首先就要做个有心人。这就需要我们多用心去留意身边的每一件小事，每一次偶然。

4 只要人缘好，没有"菜鸟"，都是"老鸟"

美国成功学大师卡耐基经过长期研究得出这样的结论："专业知识在一个人成功中的作用只占15%，而其余的85%则取决于人际关系。"因此，不管你从事哪个行业，只要你拥有很好的人际关系，再加上你的能力，你想取得很好的业绩并不是难事。

我们先来看看发生在我的两个同学身上的故事：

小蒋，我的高中同学，一直到高中毕业他都是我们学校的尖子生，优秀的学习成绩让他收获了很多荣誉和赞美，加上他家境良好，父亲是当地一家酒厂厂长。这都导致他形成了高傲自大的性格，除了一些只看成绩的老师时不时会和他有所交往外，他没有任何朋友。

高中毕业后，小蒋考到了自己理想的大学，他读了大学后学习成绩依然是学校里最好的。

阿康，我的初中同学，和我是邻居，他父亲是搬运工，母亲是清洁工。因为哥哥有残疾，需要花很多钱医病，阿康没念完高中就辍学了。辍学后就跟着他爸到镇上一家工厂里做了搬运工，性格开朗好交朋友的他经常带着几个镇上的同事回家，让父亲免费为他们补鞋。记得大学毕业时在家见过他一面，他对我说："以后家里遇到什么事儿尽管找我，我朋友多，一定能帮上忙！"

后来，我们家搬家了，我又一直在外地工作，也就与这两个同学失去了联系。

一晃10多年过去了。去年底回家帮朋友到驾校报名，我在驾校遇到了阿康。"嘿，老同学，你什么时候回来的？"他在校长办公室里扯着嗓子对我喊。我回头一看，这个人看起来好面熟，但一时又想不起来是谁。还没等我反应过来，他就跑出来站我面前说："我是阿康啊，你们家没有搬走之前我们是邻居，我爸爸是修鞋的……"

　　天啊，他的变化太大了，这哪是曾经那个冬天没件像样的棉袄、夏天缺双像样的凉鞋的阿康啊，现在看起来就是一个大老板——腋下夹着Prada的包包，一身名牌，手里还拎着个奔驰车的钥匙。显然，这兄弟是发财了。"哇，好久不见，你小子发大财了嘛！"我说。

　　"发大财谈不上，只是赚了点小钱。这驾校是我的。"他说。

　　在后来的攀谈中我得知，这驾校只是阿康生意的一部分，他还有汽修厂、健身房、传媒公司之类的生意，绝对的多元化经营。

　　"行啊，哥们儿，干得蛮大的。"我说。

　　"托朋友的福呗！我一个没文化的人哪懂得经商呀，都是朋友帮忙打理的……"他说。

　　那几天阿康带着我去他的公司挨个逛了一圈，让我对他的健身房和传媒公司运营思路提点意见。我感觉他真的是个很优秀的企业家。

　　说来也巧，就在大年初一拜年的时候，我在路上遇见了小蒋。我一眼就认出了他，虽几年没见，他还是老样子，一直是那副高高在上得意扬扬的派头，不过看上去好像没以前那么底气十足了。显然步入社会后被磨炼得圆滑了许多。

　　在聊天中我得知，小蒋毕业后就一直在天津打拼。先是到一家世界500强企业工作，后来自己独立门户，开了一家商贸公司，不过没多久就因为经营不善倒闭了。再后来又开了一家销售公司，好景不长，只干了一年多的时间就又关门大吉了。这次遇见他是回老家借钱去了，准备做一家教育培训公司。

　　"这个社会竞争太激烈了，"小蒋在讲述了他的一系列创业失败史，然后对我抱怨说，"连我这么优秀的人才都屡次创业失败，那些没有学历、能力的人恐怕连西北风都喝不上。"

　　当这个高帅富屡战屡败之时，他哪里知道，阿康那个穷孩子正春风得意呢。看来，一个没学历、没技能、但有朋友的穷孩子比一个有学历、有技能、没朋友的富二代更容易发财。

　　看来我的这个老同学还是没有真正意识到自己失败的原因。在他说话的口气中我就能听出他还是那样高傲自大，给人一种不可一世的感觉。

后来我告诉他，"蒋兄，其实你的观点是错误的，还记得咱们班最穷的那个同学吗？他爸爸是修鞋的，他现在已经是千万富翁了……"小蒋打断我的话说："什么？！那个阿康，他成了千万富翁，凭什么？"

"凭本事，凭朋友！"我说。

"他有什么本事？凭什么朋友……"他根本无法接受这样的事实。

可无论他信与不信，事实就摆在那里。很多事情并不是像小蒋想的那样——没能力就没有出路。有的时候能力并不能决定实力，人脉和关系才是成功的关键。

著名国学实践应用导师翟鸿燊先生曾说："你的事业、财富以及未来，其实，往往取决于你跟多少人发生关系，和什么人发生关系以及发生关系的程度。"这就难怪美国石油大王约翰·D.洛克菲勒放言："我愿意付出比天底下得到其他本领更大的代价来获取与人相处的本领。"

是啊，人脉就是财脉，关系就是实力。没有朋友，没有关系，空有一身技艺是很难成大事的。所以，我们必须善于交际，培养好人缘，这项能力修炼得越早，你就可能越早富裕。

(1) 从学生时代就开始打工

上学的时候不要死读书，在不影响学业的前提下，还是要多接触社会。可以找份适合自己的兼职，挣钱不是目的，交朋友学知识才是根本。每个人都免不了毕业后去社会闯荡，早介入比晚介入要好。

(2) 多交些富贵朋友

贵人帮助，"钱途"无量。做生意的人都讲究人缘、客缘，但是如果一个贵人的帮助都没有，那将比没有人缘、没有客缘还要可怕。所以，如果你有这方面的人脉资源，就一定要积极地利用起来；如果没有，就不要再守株待兔了，尽量去结交新朋友，去发掘那些已有实力却还没有被利用的人际资源，主动出击去为自己的钱途而努力吧！

(3) 和第一任老板搞好关系

你的第一任老板是你职业生涯的第一位贵人，不要放过和这个贵人成为朋友的机会。要想快速实现自己的理想，我们必须借助外界的力量，身在职场，寻求上司的帮助就是一条捷径。而要得到上司的赏识，主动是必要而基本的前提。即使离职后，也要常联络，给他留下美好的印象。

(4) 和不同的朋友交往

交朋友要注意结交不同的朋友。在今天的社会，思想狭隘的人是不会有什么出路的，那些一分为二地看问题的人，往往能够对你有所帮助。多结交和认识一些与自己观点不一样的人，会让你看问题更深刻、更客观。尽量少与思想狭隘的人交流，并且避免受其不良影响。那些思想积极上进的朋友，是希望看到你成功的，他们会给你的创业计划提出积极的建设性意见。

(5) 和朋友常联络

人们常说求人难开口，这是因为求人之前你几乎把这个人忘了，即使没忘也很少与他联系。所以，当你需要对方帮忙的时候，你会觉得难以开口，对方也会感到十分突然。如果你很有意识地与周围的人保持联系，当你需要对方的时候，你会很自然地得到别人的帮助。功夫要用在平时，一定要注意和朋友经常保持联络。

5 用好互联网，你就可能是全球500强

著名经济学家说："不管你现在在做什么，或有什么想法，你必需要迎接互联网。然后适应互联网，除此之外你别无选择！"是的，互联网是20世纪最伟大的发明，是21世纪最具影响力和推动力的工具。互联网改变了和正在改

变我们的一切，互联网带给了我们很多的奇迹，而利用互联网赚钱就是最好的一个。

不知道你有没有想过，百度、腾讯、网易这样的互联网企业创办时间也不过十几年的时间，为什么他们就能创造了那么多的财富？这就是互联网的神奇之处。在过去，那些天才的、伟大的企业家们要靠一辈子甚至几辈子才能创造、积累的财富，而在今天的互联网上，只用了短短的十几年时间。过去的大富翁们，大多是白发苍苍，德高望重，而今天的互联网上巨富，好多都是二三十岁的年轻人，比如"互联网实验室"的创始人方兴东无疑是互联网创富神话的一个主角。比尔·盖茨、杨致远和安德森，至少要等到离开学校才获得他们的第一个100万，而方兴东还在清华大学读博士的时候他的名字就值486万元！那些靠互联网发迹的年轻富豪，他们并没有什么高深的知识和特殊的背景，只是想到要如何给大家提供便利，就是一个小小的创意，再加上不懈的坚持，就创造出巨大的奇迹。互联网，真的是让人迅速暴富的最佳平台。

现在，已经有越来越多的人认识到：知识只能改变生活，网络才能彻底改变命运。来自四川绵阳的大学生王同学就是其中一个。

王同学家境贫寒，大二那年暑假，为了给父母减轻负担，王同学还是如往常一样留在城市里打工。一次，同事约他去网吧玩，一进网吧大门便被眼前的事情惊呆了——200多台电脑，放眼看去大约有80%的人都在玩同一款游戏。由于平时喜欢与社会上的一些商人交往，王同学多少吸取了一些他们身上的创业经验，看着眼前的一幕，他感觉到了其中定有商机。

经过一番仔细了解，他得知那款被无数年轻人所追捧的游戏是一款靠杀怪兽获取经验值，以此为游戏中的人物升级，相互PK的网络游戏。他还得知在这款游戏中，最受玩家关注的就是游戏外挂（当时，是一种帮助玩家达成更好游戏效果的一种软件）。他想，如果自己能够研究出一种更受大家喜欢的游戏外挂，然后将其卖给游戏主办方定会得到一笔不小的收入。有了这个想法后，他立即联系了有这方面经验的朋友，他们沟通后一致认为这的确是个不错的商机，就毅然决定联手去做这件事情。

想法固然很好，但要实现却困难重重。但这并没有挡住王同学前进。经验不足，他就四处走访请教。缺少资金，他就去打夜工。凭借这股子韧劲，历经一年的研究，王同学成功地研制出了一种当时最受欢迎的软件；这个软件可以使游戏变得更加丰富、刺激。游戏主办方毫不犹豫地高额买下这款软件，就这样王同学和朋友收获了人生中的第一桶金——70万元人民币。当时他还在读大三。

有了钱，王同学和朋友开始筹划做自己的事业。刚走出校门，他们便再次联手创办了一家软件开发公司，由于在就读时积累了一些社会经验，再加上勤奋努力，他们的事业做得很顺。如今，王同学真正实现了儿时的梦想，改变了自己的命运，成为了一家年收入超过200万元的软件开发公司的老总。此时，他还不到30岁！

网络时代，对于年轻人，尤其是"屌丝"们而言，互联网蕴藏着实现梦想的无限可能！一根网线，一台电脑您就可以快速地来拓展你的业务，积聚你的财富。只要你有好的想法，你随时都可能与世界500强站在同一条起跑线上——你相信这一点，明天的亿万富翁或许就是你！

下面介绍六种现在最为流行的网赚形式，希望对广大网上创业赚钱入门级的朋友有所帮助。

第一种：开个网店卖东西

网络购物已经成为当今主流购物方式，于是很多人就抓住了网络销售的高效途径。现在很多个体老板、政府职员、公司白领、在校大学生等等，他们中的大多数都利用自己的业余时间在网上做生意，而且收获颇丰。淘宝、拍拍等大型的交易平台是大家开店的首选，你可以卖衣物、首饰、玩具、书等等，但前提你得准备好货源。

第二种：上网做威客赚钱

上网做威客有两种赚钱方式，一种是承接任务赚钱；一种是做营销伙伴赚钱。承接任务赚钱需要靠真本事。你需要拥有设计、程序、策划等方面的专长。

第三种：建自己的个人网站

建一个属于自己的个人网站，对很多人来说不仅可以过把做站长的瘾，还可以在网站有一定流量后靠投放广告等赚钱，这是很多人业余赢得收入的工作机会。

第四种：申请做版主，赚点零花钱

申请做版主，也就是去一些大论坛比如sohu论坛等申请做版主。做版主的待遇比较稳定但不高，而且不同的网站支付给版主的待遇也是不一样的。做版主首先是要有兴趣，而且每天必须有固定的时间去管理论坛。对于有大量时间的朋友，不妨去申请版主做做，不仅可以满足做版主的虚荣心，还可以获得一点点物质上的收获。

第五种：专以做调查为业的人

上网填写调查问卷在外国，很多年前就有专以做调查为业的人。但我们中国上网做调查问卷是最近才兴起的一种简单、自由的在家工作方式。做调查赚钱需要不断地填写问卷，不断地累积。填写调查问卷赚钱在中国刚兴起，一定要慎重地了解网站后再去做。

第六种：出售游戏中的虚拟物品

出售游戏中的虚拟物品赚钱是部分游戏玩家赚钱的一种方式。目前有上百万这样的网络淘金者，他们主要来自偏远的农村或者不发达城市，且没有工作的部分青年，对于他们来说，这是一种不错的网络淘金方法。

网络创业赚钱，其实就是借助网络平台的便捷赚取真金白银，随着网络的快速发展，会有越来越多的人进入到网络淘金的队伍，也会有越来越多的网络赚钱方法诞生。下一个网赚明星会是你吗？

6 借鸡下蛋，利用别人的资源闪赚

十几年前，看见房屋中介的，几乎不屑一顾，觉得那么几张桌子，能赚几个钱！但是十年后，发现这些做房产中介的变成房产中介连锁公司，还有的演变成房地产开发公司，每天都经手上百万的"生意"。实际上，这个生意从开始租个房子，招几个人，那时还没有普及电脑，都是纸写备档，就这么样，发展成今天上千万上亿的资产。

你知道国内很多汽车租赁公司是怎么运作的吗？一个汽车租赁公司好几十台车，老板再把这些车租赁出去，或者长租或者短租，很多人以为老板很有钱，自己投入那么多车，但实际上呢？是租赁公司租来很多个人的车，再给转租出去，在外人看来，做着上千万资产的"生意"。这样的生意就是借鸡下蛋，通过智慧商业运作产生财富。

房屋中介公司，汽车租赁公司，他们既不属于生产企业，也不是销售企业，却会成为最赚钱的企业。他们的成功之处在于他们既不生产自己的产品，也不销售自己的产品，而是把别人的产品拿过来租赁，从中赚取中介费，利用别人的"资源"赚钱了。

创业者要避免自己陷入"鸡生蛋、蛋又生鸡"的创业幻想，但是，这并不妨碍创业者利用别人的"鸡"给自己"下蛋"。从某种意义上说，我们思维的深度决定了我们钱袋的饱满度。不怕你没有资源，一条合法合理的思路，可以让你在缺这少那的情况下利用别人的资源为自己生出滚滚财源。

去年春天，在长沙市的一次创业典型交流会上，一个85年出生的大男孩用2800元起家到年赚1500万元的"捞偏门"创业经，让人大开眼界。

买过房的人都知道，交房时会收到一份楼书——《业主手册》。寥寥几页纸，通常只有该楼盘的房屋使用说明和业主文明公约等内容。没啥可看，但你又不得不看。

"大家都司空见惯的东西，我琢磨出了商机。"1985年出生的曹志远书卷气未脱，但谈起创业却十分老道。

2006年大学毕业后，他在一家装修公司跑业务，几乎跑遍了长沙各小区的物业公司。"楼书每个新房业主必读，而且业主买房后必定考虑装修、家居、电器，何不从中做广告？"

2008年的一天，曹志远灵光一现，与雨花区一家楼盘物业公司商量：你不花一分钱，我来帮你设计印刷楼书，只要一个条件，你允许我打广告。

这么"撩别"的事，物业公司当然欢迎。接下来十几天里，小曹在物业公司不断打电话，约来十几个建材家居电器品牌商看楼盘，他的理念和这些商家一拍即合。商家破天荒头一次在《业主手册》上登广告，他又用兜里仅有的2800元钱请人排版设计，最后在印刷厂蹲了一天一晚，印了1000册"史上第一本"彩页杂志版的《业主手册》送到物业公司。业主和物业管理人员看了这本拉风的楼书，都赞不绝口。刨去印刷费用，曹志远净赚3万元！

2009年，初试创业甜头的曹志远辞掉工作，成立公司。从一台电脑、两部电话、三个员工，40平方米的场地起家。"公司成立后，和朋友吃了顿开张饭，我兜里只剩2600元。"曹志远说。

2010年在他最困难的时候，雨花区为他争取市、区两级创业富民帮扶资金4.5万元，用这笔钱，他租了一个500平方米的大办公室。"我当时月薪只有2000元。"曹志远说，这笔钱还帮他以两倍于自己的工资挖到了一个杂志的编辑高手。

如今，历经3年打拼，曹志远已和碧桂园、保利、绿城、长城等全国十强物业企业建立合作，在上海、深圳、福州、南京等17个城市有了市级代理商。2800元起家，2011年盈利预期可达到1500万元。

"我要把业主手册办成中国第一本在报刊亭热卖的楼书杂志！"曹志远透露，近来公司已注册了文化商标《百阅家居》，并注册刊号，即将在各地报刊亭出售。他还要推出APP移动版和网络版。两年内，他要把杂志覆盖全国100座城市4000个高端住宅社区，发展200万名读者……在他取得的成就面前，没有人怀疑他的能力。

　　其实想想，小曹同学并不比你多什么，他照样是没有资源，没有资产，但他脑袋好使，嘴巴会说，他可以把貌似毫不相关的资源联系在一起，汇集成自己的实力。整个过程中，他只是动了动脑袋想思路，然后动了动嘴巴说服别人按照他的思路乖乖行事，于是他就赢了。从投资和风险角度来说，他几乎没承担什么风险。

　　做生意高手就是要学会利用别人手里的钱和物，要学会整合各种资源，通过整合别人的资源变成一个给自己下蛋的"鸡"，发挥我们的智慧让这些"鸡"多下蛋、下好蛋。当然这种用不是那种白用，是用合情、合理、合法的方法去做的，当看到这些"鸡"通过我们的有效运作为我们源源不断创造财富时，我们也终于明白了脑袋决定了口袋，思路决定了出路，我们找生意就是找思路、找资源，找到这些了，我们也就找到合适的生意了。

　　整合资源现在已经不是什么新概念了，关键是你能不能在身边的资源中找出自己的出路。审视一下你的身边，有哪些资源可以整合呢？然后找到思路，有效运作，你就可能富起来。

第
六
章

你的兴趣点，通常就是你的"钱眼"

1 小时候捕捉"知了猴"的启示

在乡下生活过的"孩纸"们，你们小时候有过捉知了猴（蝉的幼虫）的经历吗？最好是雨后的黄昏，在杨柳成行的河堤上，盯着地面寻找知了猴的洞穴，只有一个直径不足一厘米的洞口，薄薄的一层沙土，拨开这层薄土，洞越来越大，顺着这洞口用棍棒挖下去，八九不离十就会看到知了猴。

我现在觉得，挖知了猴的过程和掘金的过程是一个道理，你也需要找到这个洞口，拨开那层浮土，就能找到钱眼。整个过程，真的是举重若轻。

如果你听说过臧力和他的饭统网的故事，你就能明白这个道理。

在北京，提起"饭统网"，那绝对是个热到发烫的词。每天一到吃饭时，准会有数十万双手同时键入搜索，想要吃什么？在哪吃？怎么吃？在这里，人们只要向一个叫臧力的人打听就行了。说起来，臧力既不是餐馆老板，也不是美食家，可偏偏却对北京城大大小小的饭馆了若指掌。几年间，臧力不但成了京城鼎鼎大名的饭统网的CEO，而且也让旗下的饭统网成为了国内餐饮服务网中的大哥大！钱，当然也没少赚咯。

38岁的臧力人高马大，胖乎乎的圆脸，很容易让人把他和"吃货"联系在一起，但仅从履历上看，臧力似乎跟"吃"怎么也扯不上关系。他学的是机械，从事过金融，是中国最早的一批操盘手，做过多年资本运营。之所以跟"吃"结缘，缘于"非典"过后一个偶然的机会。

一天，臧力接到电话：因为"非典"窝在各自家里两月没见面的EMBA同学要聚餐庆祝。不曾想，为找一个合适的饭馆，这帮人竟然忙活了一个下午。好不容易敲定聚餐的地儿，结果一晚上餐桌上的话题没离开过"吃饭难"。

别人只是随口说说罢了，臧力却从中嗅出了商机。是啊，下馆子表面看似简单，可一旦认真起来还真不那么简单。一年四季逢年过节要吃，联络客户要吃，婚丧嫁娶更少不得吃。个人熟悉的那几家吃腻了，远一点的又不了解，于是只好互相打听着吃。要是有个平台，能把全北京"吃"的资源整合起来，一定有市场。臧力产生了筹办一个餐饮服务网的想法。（这个想法，就是臧力的"洞口"）

一旦认准这条路，他毫不犹豫地辞去在公司的职务，一心一意经营起自己的服务网站。首先遇到的难题是起一个好听、顺口、叫得响的名字，他没想到，这竟比给孩子起名字还难。臧力动用了自己20多个EMBA同学，前后想了一个来月，名字想了一大堆，结果都不满意。太太笑话他："这么多高智商的人，还起不出个名字，简直是一帮饭桶！"

"饭桶？对，饭桶！"臧力高兴得手舞足蹈，"就是它了。"接下来便是"扫街"。臧力和伙伴们采取地毯式轰炸，每到一条街上，看到餐馆便推门而入，劝说人家加盟。但常常是刚一开口就被轰了出来。

有一天，臧力刚回到办公室，就听楼梯上一阵急促的脚步声，一个业务员跑进来上气不接下气地说："臧总，马克西姆被我拿下来了！"臧力今天还能绘声绘色地描述出当时的情景。

马克西姆名头大，能拿下它纯属偶然。那天，业务员进去谈合作，马克西姆的两位经理对是否合作意见不一：一个认为饭统网活不过一年，另一个则觉得网络订餐大有前途。于是两个人打赌，赌饭统网明年还能不能来续约。明年先不去管它。眼下马克西姆能加盟，叫臧力喜出望外。从此，饭统网的业务员们再去跑客户，最有效的广告语便成了"马克西姆是我们的会员"。

加盟的餐厅与日俱增。臧力开始琢磨如何在"饭桶"圈里打出饭统网的影响。他的妙招是请"饭桶"们免费就餐。每联系好一家有特色的餐厅，他便在网上向报名的网友发出邀请。（运作的过程是"洞口"扩大的过程）至今已有2000多位"饭桶"，享受过饭统网的免费大餐。

可天下没有免费的大餐：经过这些"饭桶"们的口口相传，味觉异常灵敏的食客们很快便盯上了饭统网。过去他们只是零星地吃，松散地吃，无组织地吃，现在终于可以有组织、有系统、最大限度地满足口腹之欲了。

食客的猛增，也带动了更多餐馆的加盟。如今已有5000多家餐馆加盟饭统网，像一张网，星星点点，分布在北京的各处。（赚钱了，"知了猴"被他捉住了）

臧力还不知足。他笑呵呵眯着金丝边眼镜后面的小眼睛，一副踌躇满志的样子："光吃喝不行，接下来还要解决吃喝后面的玩乐！"（寻找下一个"洞口"）

眼下，他称自己当务之急是提高"业务水平"。"以前我连20家餐厅的名字都说不上，现在少说也吃过几百家了。"他对自己的进步颇为满意，但同时也不无担心，"北京的餐饮业发展太快，不知道再吃10年，我还能不能合格？"臧力非常赞同很多大企业家说的如履薄冰，所以他要非常非常小心地做，以求找到更多的"洞口"，逮到更多的"知了猴"。

通过上面这个案例，你大概已经明白，我所说的"洞口"，其实就是你的关注点，你所感兴趣的事物。无数人创业成功的例子都印证了这样的规律：你的关注点就是你的钱眼，你的兴趣点，就是你的赢利点。你热爱什么，你当前正关注什么，迷恋什么，那什么就是你的"洞口"，跳进去，你就是"小金人"。

2 人类很难在不喜欢的事情上获得成功

看看这些普通的富人：

富人甲：福建有一位驴友，他天天游山玩水不花钱，还能顺便开辟财源，旅游归来兜里还装满钞票，你信吗？"

这位朋友出身"花货"世家，他的祖父是远近闻名的木制玩具艺匠，一把土刨刀、一把刻刀，就能做出车马、才子佳人、飞禽走兽，惟妙惟肖。小时候他在祖父的熏陶下，也有些功底。长大了，他过够了"不见天日"的打工生活，说服自己重操旧业，果然，他的木制玩具一出来就受到欢迎。自那时起，这位爱旅游的朋友凭手艺走天下，玩遍大江南北，收入丰厚。

富人乙：有一位广州的集邮爱好者到上海、南京旅游，在逛集邮藏品市场时，发现那里的邮票散，很便宜。在广州邮市随便挑的中国邮票，旧的三五角一枚，新的一两元一枚。而上海新散邮票一律才5角，南京的新散邮票三五角一枚，旧散邮票仅一两角。于是，这位广州的集邮爱好者在上海以不挑选的形式购入了1000枚新散的邮票，平均价格为0.35元；在南京又以每枚8分的价格，购了3000枚旧散票，以0.2元的价格买进1000枚新邮票，回到广州后，他将买来的邮票转手给邮商，竟获利3000多元，除去旅游所用费用，还剩下了几百元。

富人丙：山东有一对夫妻，为收集奇石，足迹踏遍大江南北，长城内外，所获珍品奇石数块，办了个家庭奇石馆，观者无不啧啧称奇，他最心爱的一块石头，有人出价10万元，他还不卖呢，一些专家也慕名而来，观赏后赞不绝口。

这说明了什么？人类太容易在喜欢的事情上获得成功了。如果你真心想做一件事，连上帝都会停下来帮你！整个创业的过程简直就是有如神助。

只有做自己喜欢的事情，我们才能发自内心地投入热情，才能不惜代价、不计回报，把它做得出色。不管年龄有多大，只要从事的是自己最喜欢的事情，我们都将永远从内心里散发出年轻的光彩。

渡边淳一从小就酷爱文学，想当一名作家。但是，由于种种原因，他进入了札幌医科大学学医。毕业后，渡边淳一获得了博士学位，并且进入一家医院担任整形外科大夫。行医多年之后，他依然无法对医生这个职业产生多大的兴趣，而对自己的文学梦想却与日俱增。

但是，当时的他已经29岁了，到底是该继续这份令人讨厌却收入稳定的工作呢，还是果断地放弃去从事自己喜欢的写作，他陷入了深深的迷惘之中。

举棋不定之际，他只好给仰慕已久的摩西奶奶写了一封信，希望得到她的指点。

摩西奶奶，美国弗吉尼亚州的一位普通的农妇。在75岁之前，她在自己的农场里默默无闻地干着农活。76岁时，她因关节炎不得不放弃农活，开始了她梦寐以求的画画。80岁时，她到纽约举办画展，引起了轰动。从此，她的作品逐渐在美国及欧洲畅销。她也迅速成为闻名全球的风俗画画家。

这封信让摩西奶奶很感兴趣，虽然当时她已100岁了，但还是立即给他回了信。在信中，她这样说道：做你喜欢做的事，上帝会高兴地帮你打开成功的门，哪怕你现在已经80岁了。

摩西奶奶的话让渡边淳一豁然开朗，他开始了自己的文学创作。此后，渡边淳一著作的《失落园》《遥远的落日》《为何不分手》等五十余部长篇小说，在日本及世界文坛引起了巨大反响，他也被媒体誉为日本现代情爱文学的大师。

每个人都有自己的偏爱。在自己感兴趣的领域展开，选择自己喜欢做的事，是我们走向成功的一条捷径。瓦特选择了自己喜欢的机械制作，他发明了蒸汽机，掀起了一场工业革命；爱迪生选择了自己喜欢做的小发明，他一生有1000多项发明，其中仅电灯一项，就给整个人类带来了光明。

做自己喜欢做的事，做自己最想做的事，这就是成功的全部秘诀。

(1) 择我所爱，爱我所择

有句话说：择我所爱，爱我所择。可现实是大多数人都是择我不爱，不爱我所择，所以成功就遥遥无期。请不要犯这种错误。因为如果你仅仅为了生活而工作，成功就会一直躲避着你。

有个方法可以测试你是否喜欢现在的工作：如果你现在能经济独立的话，你是否愿意在接下来的几年中仍然做目前的工作？如果你的第一反应是立刻辞职，那么毫无疑问你选择的工作是错误的。还有一个方法能检测出你是否喜欢目前的工作：如果你在上班期间最喜欢的两个时段是午饭时间和休息时间的话，就说明你不喜欢现在的工作，那么你该换工作了。

(2) 说服自己别再恋战，立即改变

很多人在寻找工作的时候，都不知道自己要做什么，或是做一些自己不喜欢做的事。

有人告诉我，他想转行。我问他："为什么不立刻去做呢？"

他说，因为已经学了二十几年的机械，如果突然换一份销售的工作，无法抛开累积二十几年的机械专业知识。

我反问他："你想改变，可是无法抛开过去的包袱，无法突破，如果你继续再做自己不喜欢的事情，再持续五年、十年，你会有所改变吗？"

他想了一下，说："不会。"

我又问："做机械真的是你所希望的吗？"他回答说："不希望。"

我再问他："你希望什么时候改变？"他很肯定地说："现在！"

每个人都必须当机立断，去做他自己喜欢做的事情，当他知道自己已经走错方向时，如果还要继续走，最后会得到什么结果呢？

一定不是他所要的，对吗？

你不能以同样的方式来做事情，却期待拥有不同的结果，那是不可能的。

要改变自己目前的状况，要让自己更有自信，要让自己做事更有成效，我们就必须做出更好的决定，必须采取更好的行动。

3 爱心一颗，轻松步入"钱庄"

利用别人的爱心赚钱，往往和欺诈、非法联系在一起，而利用自己的爱心赚钱，则是光明正大。爱吃蛋糕的孩子们注意了，我们看到，好利来蛋糕店从创建到现在的成功，都围绕着一个字，那就是创始人罗红心中的那份爱。罗红成功地将爱外化为企业文化与管理理念，以推动好利来的发展。借用星巴克创始人霍华德·舒尔茨的自传书名《将心注入》，罗红的成功是源于"将爱注入"。罗红将爱注入蛋糕，他富了。而江西小伙小宋将爱交给宠物，他也发了。

江西小伙小宋 2003年春节后到上海打工，由于从小喜欢小动物，所以他先后在几家宠物医院、宠物店工作了一段时间，这期间学习到不少宠物护理的知识。

2004年春节，小宋决定留在上海过节，为了与家人联系，他花400元从朋友手中购买了一个二手彩屏手机。拿到手机后回家的路上，突然一只可爱的小狗跑到他跟前。小家伙腿部关节处磨破了皮，加上这种小狗很怕冷，小宋看到它站在那里瑟瑟发抖的样子很是心疼，就赶紧把它抱了起来。带小狗回家后，小宋马上给小狗保暖，并且将它的伤口进行处理。当看到小家伙终于缓过劲儿，又开始活蹦乱跳时，小宋发愁了：自己肯定养活不起这个小家伙，可是怎么才能找到小狗的主人呢？

小宋想到了自己新买的手机，于是给小狗拍了几张照片，第二天托朋友打印了10张，贴在了他找到小狗附近的街区里。没过两天，小狗的主人就打来了电话。当看到小家伙被护理得那么好时，小狗主人很爽快地掏出了500元作为酬金谢谢小宋。

到上海打工后，小宋几乎天天与各种宠物打交道，所以他深知宠物主人们对宠物的关爱程度。上海养宠物的家庭越来越多，每天都有走失的宠物，如果自己有能力找到它们，说不定可以更赚钱呢。想到这里，他开始留意收集宠物寻找方面的知识和资料。

经过向宠物医院的宠物医生咨询，小宋了解到，绝大多数小动物走失的原因多半是因为求偶。这时候如果不掌握其生理规律，及时注射激素，动物就会坐立不安，相当容易走失。而此时的动物，其嗅觉和听觉对异性特别敏感，因此，可通过播放异性的叫声或释放异性体液散发的气味来诱捕宠物。宠物医生还告诉他，为了吸引宠物，大多数宠物医院都有常见动物的人工体液。把这种体液涂在动物模型上，异性动物便会循味而来。为此小宋购买了一些人工体液，同时托朋友寻找到一盘能播放各种动物叫声的磁带。

准备就绪后，小宋尝试着贴出宠物侦探——专门寻找走失宠物的广告。几天后，一位空姐找到了他，由于工作原因，这位空姐经常不在家，没想到自己的波斯猫趁她不在的时候跑了。算起来这只波斯猫已经走失5天了，如果能够找到，这位空姐愿意出800元作为报酬。

走失5天的宠物寻找起来难度很大，但小宋还是答应试一试。一连两个晚上，小宋都跑到这位空姐家附近，他专门寻找野猫比较集中的垃圾堆附近，一遍遍播放磁带中的猫叫声，第一天换了几个地方都没有结果。第二天，当他刚刚播放一会儿，几只猫跑了过来。小宋看到其中一只很像那位空姐留下照片中的波斯猫，于是将这只猫抱回了家。认真梳理清洗后，第二天将猫抱到了空姐面前。已经绝望的空姐看到自己心爱的猫被找了回来，十分激动，马上就掏出了800元递给小宋。

从这以后，小宋对宠物侦探这个工作更加充满了信心。2005年，他干脆辞掉了工作，一心一意当起了宠物侦探。他一边根据各种宠物寻找的难易程度，制定了不同的价格标准，一边在宠物医院和宠物店贴出寻找宠物的广告，随后他的业务量也越来越大，最多一天要同时接下6个单子。而且在宠物医生的帮助下，小宋针对不同宠物找到了各种行之有效的寻找方法，这使得他的成功率可以达到60%以上。

如今，小宋每月都能赚到近万元的收入。随着寻找回来的宠物不断增加，他又尝试着开出了自己的宠物店，可以将寻找回来的宠物暂时寄存店中照料，还能够在吸引更多宠物主人们光顾的同时，为自己这个特殊的经营项目做推广。

写到这里，我突然给小宋总结了个赚钱公式：我有爱+你慷慨=百万富翁。

养宠物的人对宠物很珍爱，于是为宠物花钱就慷慨，而充满爱心的小宋为宠物主人们搜寻走失的"宝贝"，也就理所当然、光明正大地成了一种新的生财方式。我们何不把它看作是上帝对爱心的奖励呢？

4 玩心一枚，铸造财富"梦工厂"

哈德·塞柏德是一个擅长经营的德国建筑包工头。一度将一个小公司打造成一家拥有2000多人的大企业。然而好景不长，20世纪90年代初，一场席卷全欧洲的金融风暴严重影响了德国的经济，进而波及建筑市场，哈德的公司首当其冲。

这场危机的时间持续过长，不光是业务量锐减，更令哈德头疼的是公司那些闲置的大型设备。卖掉它们吧，这样的时候，不但卖不出好价，而且此举意味着彻底放弃自己苦心经营多年的事业，属破釜沉舟之举；不卖吧，这一大堆"废物"不仅占空间，每天还要花去不少的维修与护理费。每天，望着这些无法派上用场的"鸡肋"设备，哈德叹气连声，一筹莫展。

一晃时间又过去了两个月，看看建筑市场还是没有复苏的迹象。无所事事的哈德在一个星期天去看他的工地，为防止锈蚀，员工们隔天就要启动一下大型设备。看着一台往来奔突的大型挖掘机，哈德心里一动，也产生了兴趣，就让师傅教他开机操作。这不操练不知道，一练还真是奇妙。不到一个上午的工夫，哈德已能熟练地操作挖机搬石运沙了，特别是将一堆小山样的沙土轻松搬移，令他感觉良好。下机之后，哈德意犹未尽，先时的郁闷心情一扫而光，一个突如其来的灵感也一下子应运而生了。

哈德当即买下了一座荒山，并从就近的河道中运来大量沙土，经过一番准备之后，一家别开生面的"工地游乐园"正式开张了。曾经只能看着别人操纵的起重机、轧路机、翻斗车、铲土机、挖土机等大型机械，如今可以亲自驾驶，这种体验，立即引发了市民，尤其是成年人的极大兴趣。消息一传十，十传百，一时间，哈德的游乐园门庭若市。这种被誉为"成年人游戏"的娱乐项目，让一些劳心费神的上班族得到极大的解脱和满足。

关键时刻，"工地游乐园"成了哈德公司的救命稻草。半年以后，哈德的身份，已由一名建筑包工头变成身兼游乐园老板等几家集团公司的CEO了。当然，他的资产也因这场不景气的经济危机而翻了两番。

修女也疯狂，成人也贪玩。每个人身上都有未泯的童心，改不掉的玩心。每个人心里都住着一个孩子，即便是我们红颜褪尽华发满头，这个孩子却始终如一不会长大，他贪玩好动，嘴里每天都哼哼哈哈唱着："我不想不想长大，长大以后就没有童话；我不想不想长大，我宁愿又笨又傻……"尤其是现在，都市成人的生活和工作压力越来越大，这个"孩子"备受压抑，他简直是闷坏了，如果有人提供一种方式陪他们玩耍，花钱他们自不吝啬。现在，已经有不少人看到了人心里的商机，有人在城市里搞"还童派对"，有人在开发成人游戏，有人在售卖成人玩具，都赚了个盆满钵满，你有没有看透这人心里的秘密，找到创业的契合点呢？看看高人的做法：

(1) "还童派对"

"不想长大"只是梦想而已，然而在上海，有一个年轻女白领却把人们的这个梦想演变成商机，专门搞起了"还童派对"，竟然大受欢迎。

30岁的李纹蓉是上海市人，2006年初的一天，她去参加小学同学聚会，一帮久未见面的小学同学聚在一起，回忆从前在学校里的趣事，仿佛又回到了童年那无忧无虑的时光，有的同学还玩起当年最流行的游戏，气氛非常热烈。

聚会结束后，李纹蓉还久久地沉醉在欢乐之中，想着想着，她的脑袋里突然灵光一闪：自己一直想独自创业，但苦于没有门路，如果我专门去搞"回到童年"的派对，在派对中玩那些孩提时玩的游戏，让人们释放工作和生活的压力，回味童年的美好时光，是不是可以从中赚钱呢？

为了验证搞"还童派对"的可行性，她开始有意识地在节假日里找同事一起玩儿童类的游戏。看到同事们都玩得很有兴致，她更增加了信心。

2006年9月初，李纹蓉辞去了工作，专门组织"回到童年"的派对活动。她的业务形式多样，内容丰富，什么个人生日会、同学聚会、公司庆典会，网友活动会她都会接，搞得红红火火。为了方便与顾客的交流和发布活动消息，2007年3月，李纹蓉创办了自己的网站"和我在一起"。网站很快就有了数千名注册会员。

随着"还童派对"活动的推陈出新，李纹蓉的"和我在一起"网也声名鹊起，一些俱乐部和酒吧纷纷找上门来和她合作，争取活动的"冠名权"。现在，已有52家俱乐部和酒吧与她达成了合作事宜……如今，李纹蓉的月收入早已过万！

(2) 成人玩具

李先生入行前，做过房地产，开过网吧，经营过服装店，但他总是不满足于现状，想多找些生意门路来做。有一次，他无意间从报纸上看到"成人益智玩具"的介绍，有各种有趣的棋类、各种立体仿真模型、各种整蛊搞怪玩具等，觉得很新鲜。通过查找资料，他又发现这方面的国内市场还基本未有开发，市场潜力相当大，甚至有资料认为国内每年蕴藏着500亿元的巨大市场。经过反复考虑和不断考察市场，2002年9月份，李先生在广州一家人气很旺的娱乐城广场，首期投资约2万元，租了一个9.5平方米的铺位，开了一家"益智玩具店"。经营到现在，李先生在广州有十几个实体店，每个实体店面积10平方米左右，每个店每月纯收入有一万元左右。

玩耍是人的天性，人们在不同的年龄阶段对玩的方式和内容会有不同的心理需求，随着人们生活水平的提高和生存压力的增大，对玩的需求更为迫切，无论是玩具也好，游戏也罢，只要是在合理合法的前提下，你尽可能大胆地为他们定制多种玩法，让他们玩高兴了、玩上瘾了，你的钱袋就满了。

5 有好奇心铺路，赚钱就像玩魔术

7岁那年，阿姨带着他去逛街，那是当地最繁华的一条街，街两边有很多的百货公司，为了招徕生意，各家百货公司都用演出来吸引人。

在一家百货公司的专柜前，一位漂亮的大姐姐在表演——她手里拿着一枚硬币向围观的人展示，接着她将硬币放到一个小盒子里，然后用一块手帕将盒子包起来。大家目不转睛地盯着那只盒子。大姐姐对着大家一笑，然后摊开手给大家看，她的手中竟然握着一枚硬币，在场的人都认为这就是刚才放进盒子里的硬币，纷纷鼓掌。他觉得非常好奇，为什么藏到盒子中的硬币可以穿过盒子，飞到大姐姐的手中？等大家散开之后，他缠着大姐姐问到底是怎么回事。大姐姐告诉他，这就是魔术，有许多的奥秘，只有钻研进去才能知道。

从此之后，他迷上了魔术，常常躲在自己的房间里练习，没有老师，他就去看别人表演，然后自己揣摩。学会之后，他又想自己能不能设计出一个别人没看过的魔术呢？于是他开始自己设计魔术。为了练好一个动作，他甚至可以重复上千遍。12岁那年，他惊奇地发现，附近有了一家SOGO百货公司，更让他惊奇的是，在百货公司里竟然有一个魔术道具专柜。于是，他很自然地成了一个经常逛专柜的小孩。虽然他不再是曾经那个什么都不懂的小孩子，但他依然对魔术充满了好奇。就在那一年，他参加了"儿童魔术大赛"，并且成为7个能进入决赛的参赛者之一。最后一项比赛是和世界著名的魔术师大卫共同进行，他凭着对魔术的领悟，赢得了此生第一个魔术比赛奖杯。

当大学毕业踏入社会，他其实是有成为白领的机会，他却选择了魔术。他想用他的魔术点燃大家的好奇心。

他就是来自宝岛的著名魔术师刘谦，2009年央视春节晚会上最红的艺人之一，一个从没正式拜师学艺，却能让人在最近的距离感受魔术魅力的年轻人。很多人觉得，他的成功是因为他有天赋，要不然他不可能将魔术发挥得那么自如。

对，他是有天赋，他的天赋就是好奇心，对魔术的好奇。好奇心让他想弄懂每个魔术的奥秘，一步一步深入到魔术这门艺术的殿堂，才有了今天的成就。对他来说，每一次表演，每一个魔术都是新鲜的——这就是他成功的秘诀——为自己的好奇心保鲜。假如不能为好奇心保鲜，再好的天赋也会被埋没，永远与成功无缘。

你是不是会问：我不喜欢魔术，我也不想出名，只想赚钱，那么，好奇心与赚钱发财也有关系吗？

有，而且关系非常密切。大凡成功的企业家，都是好奇心很强的人，他们以孩童的目光好奇地审视着万事万物，往往能捕捉到别人不予注意的信息，从而找到赚钱的好门道。

曾经，哈佛、沃顿、剑桥、牛津和中欧五大商学院校友共话创业心得的时候，他们一致认为：想创业要保持好奇心。甚至他们的教授在给学生上第一堂课的时候都开门见山地告知各位：创业者首先就要具有极强的好奇心，尤其对创业过程中的各种不确定性保持好奇心，这是创业的动力。

以带走的盒饭为号召而创立"热乎乎小屋"的日本山岛中和董事长，是一个好奇心比别人强一倍的人。

他着眼于带走的盒饭，是在一次偶然中看到装在保利龙盒子中的热乎乎盒饭的时候。"盒饭不管是爱妻亲手做的，或者是车站的盒饭，到要吃的时候，都变冷了。"他脑中突然闪了一个念头，如果努力地去研究让盒饭能热热地吃，大家不就都会趋之若鹜吗？当时的山岛中和在车站内开了一家速食面店，生意还算不错，但是总觉得缺少了什么。不管多么赚钱，速食面总不是他独创的。他平生就一直在想，怎么样来做一件足以自己是个鼻祖的事情来，因为有这样一个攻击性的竞争心，所以才会开创出热乎乎的带走盒饭的这种过去所没有的新兴事业。因为这项事业，山岛中和33岁时就实现了每月工资收入250万日元的美梦。他如果没有这样强烈的好奇心，现在也许还在车站里卖面呢！

无独有偶，威海有一家位于旅游景点的餐馆，老板挖空心思推出一套经营绝招：菜没有价格标准，游客就餐后，吃得满意，可以多付款；吃得不满意，可以少付款。此招一出，许多游客对这种稀奇古怪的经营方式感兴趣，纷纷来该餐馆就餐，而且有好多人是慕名而来。吃完饭后，游客为把握不准"价格标准"而不好意思少付钱。餐馆因此每月获得竟比原来高出一倍多。据后来老板统计，约有百分之九十的顾客超标准付款，百分之四的顾客按标价付款，而少给钱或不给钱的只有百分之六。

该餐馆老板有胆识、敢冒风险、善于研究消费心理、利用人们的好奇心，吸引顾客进餐馆消费赚到钱。

所以我说，好奇心是一切生意的起点，原因在于它能帮你敏锐地洞察事物的本质，不被表面现象欺骗，不被他人误导。它还能帮你产生独创力，独立思考、不受固有思想的束缚。还能产生预见力，好奇心强的人，大都比较关心事物的发展，特别是事物发展的趋向及未来。出于对新奇未知事物的关心和兴趣，他们往往也比较善于观察事情的发展过程，分析周围的环境，预见和推测将要发生的一切。因而好奇心旺盛的人，预见也比较敏锐。总之，好奇心和随之产生的冒险精神将带你冲向人生的巅峰。

6 在爱好与利润之间搭一座桥

每个人都有爱好，每一项爱好都有可能成为摇钱树，注意，我说是可能，但可能不等于现实，要想把可能变成现实，还需要你在爱好和利润之间搭一座桥。这座利润之桥也由桥身和桥墩组成，桥身是爱好的载体，桥墩是盈利模式。二者结合起来，才能带来收益。

爱泡吧的人很多，又有几人把泡吧泡成了事业？热爱钓鱼的人很多，但不是所有的钓鱼爱好者都能因为钓鱼发大财。请看他们是怎么样做到的。

明确定位——泡吧泡出个年收入三百万

"爱泡吧，爱上网，在不少人眼里是不务正业，在30岁的重庆小伙小张身上却是一份事业。小张是重庆某知名酒吧网创建人，重庆IT圈内的人更喜欢叫他的网名"楚歌"。去年，这个四川小伙在重庆成立了自己的公司，代理酒吧的招聘、装修、演艺等业务。

小张的文化程度不高，高中毕业后，他做过服务员、推销员，也尝试过创业，但都没坚持多久，他说："与其说是失败，还不如说是没有兴趣、没有动力。"那段时间是他人生的低谷期。

"每当有人问起我的兴趣爱好时，我都会回答泡吧和上网，但通常会招来异样的目光。"小张说。2008年，小张想到从自己的兴趣爱好做起，把酒吧和网络结合起来。但这个想法马上遭到了父母的强烈反对，他们觉得儿子这是不务正业，非常气愤。

不过，小张还是瞒着父母干起了自己心中的"事业"，他花3000元购买了域名和服务器，并亲手建网。但一切都得从头开始学，"经常是为了一个小问题要弄一个通宵。"

由于对酒吧文化有所了解，在创业之初，小张就将网站定位在了针对商家和会员的服务方面。"互联网创业者虽多，但很多网站都找不到明确定位，往往盲目地上内容，却不知如何盈利。而我最开始是帮酒吧做活动策划和品牌推广，后来又开始涉足演艺。"小张的认识很到位。

为了差异化发展，他还在网站内容上下了狠功夫，至今仍然坚持每周利用五六天晚上到酒吧，了解消费者的需求和酒吧动态，然后把原创内容发布到网上。

时间长了，到酒吧网上看夜场活动信息的人也日渐增多。小张认为，喜欢泡吧的人是一座城市中最舍得花钱的人。目前网站的会员虽然只有3万多人，但消费质量普遍很高。

于是他又策划了"酒吧体验团"活动，邀请没有进过酒吧的人免费进行体验，这样既能改变一些消费者对酒吧的印象，也能给商家带来新的客源，又扩大了网站的知名度，一举三得。

截至去年，网站的年销售额突破了300万，现在小张公司的项目越来越多，相信以后会越来越好。

靠渠道吸金——钓鱼钓出真金

34岁的大鹏是一位钓鱼爱好者，他的身份是重庆某钓鱼网的站长，同时也是一家实体渔具超市的老板。他是重庆最早的一批将网下商务机会和互联网结合起来的创业者。他800元起家做网站，去年，其网站的销售额已接近200万元。

大鹏从小生活在河边，跟着外公学钓鱼，所以养成了这个爱好。2005年，大鹏在经过深思熟虑后，毅然辞掉了稳定的公务员工作，成为了一名全职钓鱼者。但年纪轻轻的他总觉得自己还应该有一份事业，于是琢磨着怎么将自己的爱好和事业联系在一起。

由于自己经常上网学一些钓鱼知识，查阅一些相关资料。一次，在朋友的点拨之下，他突然意识到，自己怎么不能建立一个专业网站，把自己的钓鱼经验、技巧都发上去，让更多人来分享呢？

2007年9月，重庆钓鱼网上线了，简单的社区模式和比较原始的后台操作，前前后后也就花了800元钱，主要花在了购买域名和服务器空间上。一开始他的想法就是建一个公益网站，服务"钓友"，没想过挣钱。

没想到，钓鱼网一上线就格外火爆，到目前已有注册会员近5万人，其中，渔具装备上千元的会员人数在1万以上。但由于没有盈利模式，网站前三年一直处于亏损状态。为了尽快找到盈利模式，大鹏开始认真地观察思考起来。他发现，钓鱼爱好者的平均年龄偏大，而网站的会员主要是30~45岁之间的男性，这部分人酷爱户外运动，又有很强的消费能力，不少人为了自己的爱好，舍得花钱，在钓鱼网的会员中，有一副价格在千元以上的鱼竿并不稀奇。而且，又因为钓鱼一般都在郊区，所以很多会员还专门买了车。此外，一些"钓友"还购买帐篷、烧烤炉等装备。这让细心的大鹏开始留意，他采取了网上和网下结合的模式，开了了实体店，在江北开了一家渔具超市，经营渔具和户外用具。

随着网站日积月累的人气，重庆钓鱼网已成为本地不少"钓友"的必到之处，再加上大鹏经常组织钓鱼活动，让网站的人气一直很稳定，网站平时在线人数一般保持在2000~3000人。而这也吸引了部分销售钓鱼产品的商家主动找上门来寻求合作。

去年开始，重庆钓鱼网实现盈利，年销售收入接近200万元，且今年同比一直呈增长趋势。

通过上面的案例，我们可以看到，如果找不到合适的爱好载体和盈利模式，爱好充其量只能成为公益事业，不会给你带来良好的受益。如果你指着爱好赚钱，一要思考以什么样的方式来展示你的爱好，比如上面两个年轻人都是通过建立专业网站的形式来展示。二要思考盈利模式，所谓盈利模式是你所提供的销售或服务获得利润的方式，比如大鹏的钓鱼网的盈利模式就有两个，一个是线下实体店的销售；一个是线上的广告收入。在深入思考了以上两个方面之后，你也可以大胆地尝试"钱从玩中来"这一赚钱妙招了。

7 大部分人创业失败是因为"死在明天晚上"

很多创业失败的人都在仰天长叹：为什么我有爱好，有尝试，有努力，够聪明，却一直失败？美国一家调查机构的一组数据会告诉你答案。

这组数据令人震惊，更发人深思：

每一项新的交易，其中的80%都要在同一个对象打了第五次电话后才能谈成。

有48%的销售员打了第一次电话后就失去了一个顾客源。

有25%的人在打第二次电话后就放弃了。

有12%的销售业务代表在打第三次以后放弃。

有10%的人继续打电话，直到成功为止。

而这10%的人正是美国收入最多的一部分人士，与一些名人，公司主管和专业人士并驾齐驱！

明白了吧？失败，是因为你不够执著，不够坚持，最赚钱的性格正是执著，执著的性格带来乐观的自信，每天的努力和不懈的坚持，虽然不能让你第一个抽到幸运签，却可以让你最后一个拿到财富的金钥匙，登上成功的客船。

还是通过举例来说明这一点吧。先前已经举了那么多积极正面的案例，现在，换换口味，我要给你讲一个负面的案例，一个失败的女人。

这是个非常失败的女人。她一直事业失败，现在她的婚姻也失败，因为她现在看到的是：很多女人成功是因为独身，她认定是家庭拖累了她。所以，她要革命。她和丈夫离了婚。我是该夸她勇敢呢，还是愚昧呢？

不得不承认，这个女人很强，很聪明，很能干。她学历不高，某地某建筑类的中专学校毕业，毕业后在某地某区建委工作，仅仅工作一年的时间，她就升为办公室主任。后来慢慢地，她讨厌了这项工作，每天去工地，见到的是清一色农民工，她背着父母偷偷辞职走人，去北京闯荡。

到北京后她找了一份电话业务员的工作，就是通过打电话拉人过来参加她们单位组织的各种培训。这份工作很有挑战性，她很喜欢，工作起来很带劲。她从底薪500元做起，做了一年多，竟然做到了业务经理的位置上，月工资超过5000元。在上世纪90年代，这个工资水平已经很高了。

但很快，她又厌烦了这份工作，干得时间长了，熟练了，激情和挑战不复存在，她又考虑换工作了。她用积攒的钱，和朋友合伙成立了一家广告公司开始创业，这本来是好事，可是她坚持了2年，公司刚刚走上盈利的正道，她又不干了。她爱上了旅游这个行业，把公司关了，一门心思考导游证，打算带团走遍世界。这样奋斗了两年，她又有收获了，中英文导游证都考到手，在一家国际知名度极高的旅行社上班。

　　玩了两年后，她感觉能力在这里施展不开，又辞职了，这时的她有了孩子，已经奔四的人了，她觉得自己很失败，尤其是和以前的同事见面的时候，发现以前不如她的那些同事都发达了，而她奋斗这些年，生活很平淡，甚至是两手空空。经过短时间的思考，她觉得是家庭拖累了她，在极不理智的情况下，她把家庭解散了，把儿子交给母亲，自己做起了保险业务员！

　　这个失败的女人是我的近亲。当我听说她的近况后，我真的很无语，替她回想一下，这些年，一直在事业单位待着，她也富了。一直做电话业务，她也富了；一直做广告，她也富了；一直做旅游，她也富了……她有一千个富裕的机会，只是她不够专注，不够坚持，干什么都是三分钟热度，热度过去了，她也就偃旗息鼓了，把一切归零，从零开始。她就像个跳蚤一样没有定性，她觉得自己很冤，她明明也爱过很多工作，可是怎么不得回报呢？

　　其实，她只是一个兴趣爱好的叛徒，在任何领域，叛徒都不可能有好下场的。创业同样。

　　我想起了马云语录里的一句经典语句："今天很残酷，明天更残酷，但后天很美好。"为什么后天很美好？因为大部分人都死在了明天晚上，经过了两天的残酷已经死了不少人了，如果你还在坚持，你能不成功么，你的后天能不美好么，因为就剩下你一个人了呀！我这个近亲，每次都是坚持到明天晚上就结束，所以属于她的只能是黑暗。

　　再次借用马云语录的一句经典语句，你想成功么？那就坚持吧，为自己的目标而坚持，每个人都可以更强大，只要他懂得什么是坚持，忍别人不能忍的，这样你就迈出成功的一大步，在做人做事上没有什么可以难倒你的。

第七章

耽误你的时间，就是阻止你挣钱

1 时间花在哪里，是看得见的

亦舒论女人时说，一个女人的时间花在哪里是看得见的。其实这句话适用于任何人，并不分男女；适用于任何行业，不止情场。我大学里有个女朋友，把所有的时间都花在恋爱上，一场接着一场谈下来，毕业时她在谈恋爱这事情上积累了丰富的经验，成为了恋爱达人，对如何钓到金龟婿很有心得。还有一个女朋友把所有的时间都用在学习上，几年下来拿到不少奖学金，毕业的时候以优秀的成绩考上了研究生。我有个男同事把工作之余的大多数时间都投入到学习英语中，现在他办了一个英文补习班。我有个"男朋友"把所有的时间都花在研究玉石上，现在以赌石为事业，资产千万……你在哪一方面花了时间，哪一方面就会回馈给你成果，一切的付出都不会白费。恋爱如是，学习如是，工作亦如是。

我相信有天赋、才华一说，但那只是少数人的专利，天赋和才华这类东西如果后天不加以培养，往往并不长久。相比天赋、才华，我更信奉1万小时的天才理论——一个人如果想要在一个领域成为最出色的人或者大师级的人物，必须至少投入1万个小时才行。1万小时代表的是一个持续不断的努力过程，也代表一个日积月累的过程。

村上春树这样谈自己写小说的事情：

"值得庆幸的是，集中力和耐力与才能不同，可以通过训练于后天获得，可以不断提升其资质。只要每天坐在书桌前，训练将意识倾注于一点，自然就能掌握。这同前面写过的强化肌肉的做法十分相似。每天不间断地写作，集中意识去工作，这些非做不可——将这样的信息持续不断地传递给身体系统，让它牢牢地记住，再悄悄移动刻度，一点一点将极限值向上提升，注意不让身体发觉。这跟每天坚持慢跑，强化肌肉，逐步打造出跑步者的体型，乃是异曲同工。给它刺激，持续；再给它刺激，持续。这一过程当然需要耐心，不过一定会得到相应的回报。"

他还谈到优秀的侦探小说家雷蒙德·钱德勒曾在私信中说过的话："哪怕没有什么东西可写，我每天也肯定在书桌前坐上好几个小时，独自一个人集中精力。"这是一种对他来说必不可少的日常训练。

无独有偶，台湾畅销书作家吴淡如也有类似的经历。某一天和恩师林清玄聊写作的事情。那时她还只是一个小编辑，也写了几本书，但是怎么写都不畅销。林清玄听了，诚恳地说自己每天都会写三千字，对他来说，已经是一种习惯了。听了老师的话，吴淡如开始每天至少写两千字，即便写不出自己想写的东西来，也会写一些无聊的消息稿或者整理访问稿。后来她成了台湾家喻户晓的畅销书作家。她说："日积月累，是笨功夫，但也是最聪明的事。"

只要有心，愿意花心力，跟随时间累积力量，任何技能经过反复练习，持续的努力，一定都能掌握。一个人对一项技能的掌握程度跟他的努力程度和思辨能力是成正比的。

以上说的都是文艺青年，那我再告诉你个普通青年的创业故事。

　　30岁的晓亮是江西人，一米六多点的个头，又黑又瘦，怎么看也不像个身价上千万的青年。十几年前，晓亮初中毕业就去广州打工了，在一家玉器厂打工，学了些技术，但并不专业，但他真得很喜欢这个行业。

在广州他先后换过几份工作，但都没挣到大钱，每次过年回家，除了来回的车票和给父母点过节费就所剩无几。晓亮做梦都想发大财。他对玉石有种独特的情缘，而且他也认定这是个能把他送上富翁宝座的行业，所以他决定把这作为自己一生的事业，投入全部的精力。

在广州辗转几年后，他来到了北京，在一家古董店当伙计。一有时间他就去潘家园古董市场转悠。不仅如此，他还把打工挣来的钱全部投资在自己身上，他在地质大学报了进修班，专门学习玉器知识。一学就是五年。他也不找女朋友。很多人都说他走火入魔了，可晓亮自己知道他在做什么。

既有丰富的专业知识，又有眼工，还有灵验的手感，晓亮虽然年轻，但已经是珠宝玉石界的行家里手了，经他过眼的东西，没有一样能骗得过他。

去年春天，他真的赌石成功了，一块疯狂的石头，让这个穷了十几年的小伙子一下子赚了500多万！他用这钱开店当上了老板，优哉游哉地继续他的玉石梦……

有时候，赚钱、创业和学好英语是一个道理，一个语言中枢再发达的人，一个读了最好英语学校的人，只要不拿出时间勤学苦练，不去练习对话，他就只能用不标准的口语沟通，或者害羞得一句话也说不出来；而一个天分不好念再差学校的人，只要每天肯花一点时间来强化口语，并不断找机会来和外国人通过说话来练习口语，那他也绝对会是那个受人瞩目、妙语连珠的高手。

所以，不管你现在是否对自己的境况有不满意，或者对自己喜欢的事情没有信心，只要你坚持不懈，付出时间，勤学苦练，相信只要短短几年，甚至几个月的时间，你就会看到自己的进步，开始享受别人钦羡的目光。也请你不要问我现在才开始努力是不是太迟，任何事情，只要是你想做，现在开始，永远不会太迟。

2 总是为人做嫁衣，自己难免沦为穷光蛋

这一条，是我前几年总是穷困潦倒的唯一原因，是我年轻时候创业失败的瓶颈。我的职业是自由撰稿人并有机会建立自己的品牌工作室。

我是个善良热情的人，这是好事，但因为我忽略了度的把握，所以对我的成长而言，是致命的弱点。

别人总是把自己不愿意办的活儿托付给我，而我天生不是个懂得拒绝的人，我像棋子一样受人摆布。经常，我的亲朋好友们都对我说这样的话：

我要出门几日，我家的狗狗交由你照看两天好不好？

哎呀，我有笔款要给客户打过去，可我手头有急事腾不出时间，你先跑银行给我汇款吧，我日后再给你。

老同学，我要带岳父去北京看病，麻烦你给我排个号吧。

我家小孩作文成绩老是提不上去，你给补补吧。

我心情不好，你陪我说说话吧。

诸如此类的托付和吩咐很多很多，这些年下来，我没少收获名号："活雷锋"、"万金油"、"托管主任"、"小灵通"等等。可是，我却穷困潦倒。我总是在为人做嫁衣给别人打杂，根本腾不出时间来做自己的事。

原本很宽裕的交稿日期总是被我拖延，在交稿的前几天拼命赶，累坏了身体，稿件质量也大打折扣。事业上无进展，连我的饭碗也差点失去。

还有，我整天活在对别人的负罪感中，因为我答应那么多人那么多事，不是每次都能面面俱到给别人办妥，通情达理的可能不会怪罪我，有些不明所以的就会抱怨我不够朋友。

一方面陷入言而无信的负罪感中，另一方面还心里委屈，明明是无偿劳动，还被人指责，我这不是犯贱么？

当有一天客户跟我翻脸，当有一天我连续三次接到了银行信用卡客服中心的催款电话，我深深地意识到形势的严峻性。

那天晚上，我望着台历，掏出纸笔，算了一笔时间账，经核算，我每月花在自己身上的时间不到五分之一！大部分时间都用来服务别人了！自己的事自然就荒废了。

接下来，我发动了一场时间保卫战。

我学会了拒绝，力所不能及的事情我会大胆地拒绝，不喜欢的事情果断拒绝，不拖泥带水，和自己的工作冲突的事情我会礼貌委婉地拒绝。

手机不随身携带。工作时间手机设置成秘书台。到时候翻看有必要回的再回复。

当然，要做到这些，我首先克服自己的心理弱点。我告诉自己：我不是上帝，也不是太阳。我有我自己的生活需要打理，我有我自己的梦想需要实现。

我强迫自己把时间还给自己，并且真的看到了奇迹，我的生活开始变得幸福，经济收入明显增加，事业也有进步。

我们每个人都是凡人，尚没有能力普度众生，我们要学会掌控自己的时间和生活。朋友当然要帮，善事当然要做，但要量力而行。善待自己，才能更好地善待别人。聪明的你，帮别人何不从帮自己开始？你要知道：没有时间的我们，根本没有幸福的未来。

你捍卫时间的做法注定会让其他人感到不高兴。每个人都希望得到你的注意。而注意别人又会占用你的时间。而且你不可能总是满足所有人的要求——你根本没有足够的时间。所以当有人向你提出请求的时候，你必须学会根据对方在你心目当中的重要性以及你不做这件事情所产生的后果来安排次序。如果提出要求的那个人在你心目当中并不重要，那你完全可以拒绝对方。如果对方要求你做的事情并不重要，那你也应该立刻表示拒绝。

(1) 学会说"不"

要想更好地掌控自己的工作和生活，最好的解决方案就是学会说"不"。虽然这只是简单的一个字，但如果使用得当而且及时的话，它可以帮你节约很多时间。千万不要让别人消磨掉你的时间，所以在表示拒绝的时候一定要坚决果断。但要做到这一点也不是很容易。

你可以告诉对方，"我知道这件事情对你很重要，可我现在确实很忙。"如果愿意的话，你还是可以向对方表示歉意，并告诉他你现在都在做些什么。或许他也能设身处地地为你着想，说不定他还会因此向你表示遗憾呢。

(2) 有效的折中

当向你提出要求的是你的配偶、你的上司、孩子、父母或者是最好的朋友，而你不忍心拒绝他们的时候，你该怎么办呢？一个最好的解决方案就是：学会折中。

当有人请你立即完成某件工作的时候，他可能只是希望你能尽快完成，却并不关心工作的质量。如果你觉得他在时间上的要求还可以接受的话，那不妨给自己找一些捷径。如果你的上司突然要求你提交一份月度销售报告，你可以考虑给他一份简单的统计资料就可以了。如果你的女儿要你马上给她买一件参加聚会时穿的衣服，你不妨建议她自己去商场买一件。

还有一些人总是习惯性地向你就某些事情寻求帮助，因为实际上，你一直在鼓励他们这么做。比如说可能很长一段时间以来，都是你在为家人准备午饭，而且在这段时间里，你也把这看成是自己的A级任务。可现在孩子们长大了，你也给自己找到了一份有趣的工作。在这种情况下，你就应该把准备午饭的任务交给大家轮流去做。在工作上，你也可以鼓励客户更多地向公司服务部门进行咨询，而不是一味地直接找你。

(3) 时间共享

假如你是三个孩子的家长，时间共享对于孩子们来说尤其重要，因为他们总是希望父母能够有更多的时间和精力花在自己身上。比如说，每次吃饭的时候，孩子们总是争着要坐在距离你和爱人最近的位子上。你们希望能够跟所有的孩子坐在一起，可这实际上是不可能的。为了公平起见，你最好决定把每个月的天数平均分配给你的所有个孩子。这就是时间共享。

不管采用什么方法，你都应该尽量避免让别人控制了你的时间。一旦你真正捍卫了自己的时间，除了收获更多的金钱，你还可以享受生命更多的自由。

3 远离"黑洞人"，他们会给你带来霉运，要有"正能量"

你身边有没有几个负能量的人？他们看起来可怜兮兮，消极悲观，或者对社会和人生不满意，对生活失去了信心，对工作失去热情，每天都在抱怨和伤感中苟活。他们是你的朋友，所以，他们总是找你诉苦。无论白天还是黑夜，你猝不及防地会接到他们的电话，听他们喋喋不休地唠叨、抱怨、感叹。

这些家伙，是你的敌人，是你的"吸血鬼"，他们搅乱你的生活，占用你的精力，影响你的气场，他们身上充满了负能量，他们被我形容为"黑洞人"，就像一个能量黑洞，陷进去，你就进了地狱。请不要和这些"负能量"的人交朋友。

记得蔡康永在接受记者采访，对小S进行评价时说："小S是个很好玩的人，她个性本身就是很乐天，很有活力，这个朋友让我觉得活着是一件很值得、很舒服、很有趣的事。有的人会让我觉得活着很没劲，碰到他会把我的能量都吸走。"你看，蔡康永所说的"会把我的能量都吸走"的人就是"黑洞人"。

每个人身上都是带有能量的，健康、积极、乐观的人带有正能量，和这样人交往能将正能量传递给你，令你感染到那种快乐向上的感觉，让你觉得"活着是一件很值得、很舒服、很有趣的事情"。悲观、体弱、绝望的人刚好相反。有一次我在东南亚旅行的途中，遇到一个台湾"老"太太，之所以用引号，一是为了重点突出，这老太太六十多岁了，在常人的印象中六十多的老太太一般是满脸皱纹、身体干瘪、无精打采的那种，称之为"老"不为过；二是为了用"老"的反义词，因为那个着装炫酷时髦、皮肤保养很好、精心化妆的女人一点也看不出有"老"的迹象，她热情的态度、活跃的思维，对未知事情充满好奇的天真，令其周身散发着迷人的活力和魅力。她身上散发出一种很强的磁场：超一流的口才、积极向上的气质、永不言败的意念，使得她在任何地方都能成为大家的中心和焦点。她现在还在工作，并且是一家公司的老总，她说："还年轻嘛，要工作，工作会接触很多新朋友，很开心的"、"你可不要叫我阿姨，我会生气的耶，可以叫大姐。"因为气场相投，我们互留了电话号码，到现在还保持联系，她给我带来了很多的好运。

相反的例子也有，我有一个朋友，以前动过一个小手术，之后就一直病恹恹的，整天给我打电话说她这里不舒服那里不舒服，挂号看病排了多久的队昨晚怎么没睡好，一天总有一个多小时她都用在吃各形各状的药。我百忙之中抽出时间去看她，她不停地向我描述："从我生病后，老公就对我不好了，以后不行我就自己过了；我明天又要去看病了，这次不知道会等多久……昨天老师打电话来说孩子不认真学习……其实我们家孩子很聪明，他数学考第二三名，只是语文不太好，他花在学习上的心思大概还不到一半，老师说他应该考前几名的……我病了之后，脾气很不好，所以懒得管他……"我开始还基于礼貌回应一两句，后来就索性看着她说，她就那么旁若无人地描绘着生活的各种不如意，我仿佛看到字符一个个从她嘴里蹦出来形成一团乌云将她围了个严实，而这乌云也影响了我，好像我也病了。想一想好像真没从她口中听到什么好消息或是值得高兴的事。我连饭都没吃就撤了，下车后，抖擞一下精神，把她说的话忘个一干二净，身体舒服多了。从那以后，我下决心要和她保持距离，尤其是网上尽量避开她，因为，这真的太可怕了！

人就像"飞蛾趋光"一样，喜欢光明快乐的人，和正能量的人交往，你会觉得自己那点不开心的事情不过是生命环节中的一个小插曲，所有的挫折都没什么大不了的，未来还是光明的、希望的，生活很有滋味，这样的心情当然也很容易成功。很简单，这样的人是你的黄金人脉，有人脉就有成功的胜算。古龙说过"爱笑的女孩子运气不会太差"，就是这个道理。而消极颓废的人，就像是有巨大的负面能量，会将你的好心情和精气神全都吸走，你也会变得阴郁不开心。

遗憾的是，社会上这样的"黑洞人"越来越多，有很多"有理想有志气有见地"的人，在抨击社会阴暗面和嘲笑别人时很在行，有理有据，爱憎分明，说到实际的问题就一副怨天尤人，全世界都对不起他的样子，不肯付出丁点儿努力，仿佛天上掉个大馅饼才撑得起自己。这种人，说好听点儿是还没成熟，不能面对现实，说难听点，就是可恶的"黑洞人"。这种人一般不会有大出息，就算天上真掉馅饼，也会很快地堕落腐朽甚至出卖灵魂。因此，我觉得应该与这种"黑洞人"划清界限，对他们敬而远之，避免吸收到负能量。

4 再穷，也要勇敢地站在富人堆里

假如你想知道一个人的财力，你会怎么办？

直接问他，或者向熟悉他的人打听，这是一般人的做法。其实，你不必求助任何人，只需弄清楚他经常交往的那些人的财力状况就行了。

在一个主题为"创造财富"的论坛上，主持人说："请大家写下和你相处时间最多的5个人，也就是与你关系最亲密的5个朋友，记下他们每个人的月收入，从他们的收入我就知道你的收入。为什么？因为你的收入就是这5个人月收入的平均数。"

大家都觉得这是一个玩笑，自己的月收入怎么会由朋友决定呢？但是，当他们写下最亲密朋友的财务状况时，很快发现自己的收入真的和他们差不多。月收入2000多块钱的人，他的朋友们月收入也大多是2000多块钱；资产100万的人，他的朋友们大约也是100万左右；而使用信用卡循环利息的人，他的朋友们也几乎都处于负债的边缘状态。

其实，这并不是什么奇怪的巧合，而是正应了中国那句古话"物以类聚，人以群分。稍微细心一点，你就会发现在现实生活中，医生的朋友，通常大半都是医生；出租车司机的朋友，通常大都是出租车司机；当老板的人，他们的朋友通常也都是老板；亿万富翁的朋友通常也都是亿万富翁……

曾经有人认为，保罗·艾伦是一位"一不留神成了亿万富翁"的人。其实，这是一种误解，真正的原因是艾伦年轻时就与盖茨在一起，他们志趣相投，一起干事业。当初他们在波士顿注册了一家名为微软的计算机软件开发公司，总经理比尔·盖茨，副总经理保罗·艾伦，这就奠定了他的未来。

现在微软公司已成为世界上的一个巨无霸，总经理已成为人所共知的世界首富。副总经理在总经理的巨大光环下，虽然有些暗淡，但在《福布斯》富豪榜上也名列前五位，个人资产达210亿美元。

这就是穷人朋友与富人朋友对一个人的影响力。犹太经典《塔木德》中有一句话：和狼生活在一起，你只能学会嗥叫，和那些优秀的人接触，你就会受到良好的影响，耳濡目染，潜移默化，成为一名优秀的人。

因此，你想成为什么样的人，就和什么样的人在一起吧。你一定特想知道朋友是怎样左右你的人生的吧？好，我来告诉你。

思维和生活方式趋同

想想看，你的很多决定或者想法，甚至是一些生活方式和习惯是不是都和你亲密的朋友有关联？我们永远无法否认朋友对我们的影响力。和健康的人在一起，他会告诉你如何保养身体，他的想法和做法会辐射你，你也被潜移默化成健康的人；和积极快乐的人在一起，他会告诉你如何拥有快乐积极的心态，你也会跟着快乐起来；和一个减肥成功的人在一起，他会告诉你减肥的方法，告诉你素食的好处，你也会跟着节制起来。所以，如果你想减肥，千万不要和一个胖子在一起，因为除了遗传因素，一个人之所以胖是因为他从来不知道节制食欲，而且他通常会有一种不在乎胖的理论，你跟他在一起，就会不知不觉中受到他的影响，那你的瘦身计划就不可能成功了！

再穷，也要站在富人堆里

犹太人致富最重要的智慧之一，就是"穷，也要站在富人堆里"，接受富人心态和思维的熏陶。很快，你就会像富人一样思考。

富人之所以能富有，与其正确的理财观念、良好的赚钱心态和行为有着紧密的关系。与这样的人在一起，即便是再穷的人，其财富观念、赚钱心态和行为或多或少都会受到积极的影响。

与富人在一起，虽然不能直接增加我们致富的本钱，但有富人当老师帮助和影响我们的财富观念、理财的言行，致富的路走起来肯定会更容易一些。

不自卑，不仇富，和富人为伍

但是，大多数穷人都喜欢走穷亲戚，排斥与富人交往，这和他们的自卑和仇富心理有关。仇富和自卑是密切相关的，因为自卑，所以看不惯富人，仇视财富，这是明显的吃不到葡萄就说葡萄酸。打心眼里排斥财富，仇视财富，就是不尊重财富的表现。不尊重财富，财富也会懒得理你。正所谓你不理财，财不理你。你善待钱财，钱财就会经常光顾你、照顾你。

其实要想投资致富，不仅不能仇视富人，而且还应与富人交朋友。富人为什么能富？大多是因为他们具有超越常人的智慧，他们对市场信息的敏锐度总是高于一般人，所以紧跟富豪们的投资步伐，就能快速地、直接地得到投资致富的正确思路和途径，不仅风险小，而且收益大。

例如，你想投资地产，那么就要结交几个善于投资地产的富人。这些富人有丰富的地产投资经验，他们可能会时不时地透露出：什么样的房产具有投资价值；什么地方的房产价值低估了，可以马上介入，等等。

富人并没有你假想的那么差，所有取之有道的钱财，都是值得肯定的。别以为富人都看不起穷人，相反，有的富人更平和、更亲切。你只要以积极的心态，谦虚地与富人相处，你就能在富人堆里"混"下去，最终会通过富有成效的投资理财而成为富人。

所以说，你想成为什么样的人，你就和什么样的人黏在一起。一个生活在穷人堆中的人，要想成为富人，很多时候必须和自己这个阶层说拜拜。这绝不是背叛，而是一种自我发展和改造。

5 和志同道合的人一起创业

要想成为强者，脱颖而出，最直接最有效的方法莫过于借助功成名就之士的力量，然后与之合作赚钱了。合作本身不是目的，真正借助别人的力量才是取胜的关键。当然，如果你真的傍不上这样的富朋友，和志同道合的穷朋友一起抱团创业，也是好出路。可能你们几个人当中没有一个资金雄厚的，但只要你们的心不穷，那共同的命就不穷。各有各的资源优势，加在一起就是了不起的整体实力。

漫步在晋城闹市，徜徉在前进路口，一个装饰一新的二层小楼上，"经络养生会馆"几个大字分外引人注目。三个大学生的创业故事也就从这里开始了。

会馆的老板叫崔东。他沉着、干练、自信、热情……所有这些都写在这个刚迈出大学校门，就尝试着自主创业的23岁的年轻人的脸上。崔东是泽州县大东沟镇人，出身于当地一个很有名气的中药世家。为了继承和发扬五代祖传的中医医术，他高中毕业报考了山西中医学院，在针灸推拿系学习。大学毕业后，他曾在太原、北京等地医院实习、工作，后来又做药品推销，每个月拿到了三四千元，对于一个刚毕业的大学生来说，这样的薪水真的很不错了。"是结合自己的专业所长走出一条有中医特色的路子，还是就这样混下去？"一次次扪心自问，多少回内心骚动，在很长一段时间里，不安于现状的崔东心里头一直酝酿着创业的梦想。

直到有一天和大学同学刘波的一次通话，才使崔东深受启发。刘波虽然只有20岁出头，但已是连续两届的山西省推拿比武大赛冠军了。他在电话中说想与朋友准备一起在太原发展，做一家婴幼儿和妇女产后恢复的理疗店，但是家里面不支持，资金问题让项目破产了。听到这个消息，崔东脑海中豁然开朗，自己和刘波学的都是针灸推拿专业，从事理疗保健正好专业对口。通过积极的市场调查，崔东发现当下的纯物理疗法，是国家大力提倡的一种最新保健理念，而温灸疗法则是物理疗法中颇具代表性的，现在北京、天津、上海等大城市以温灸养生为主的理疗店，已经在其他保健养生方式里独占鳌头了。

"晋城这几年发展特别快，人们对养生保健的需求愈来愈强烈，追求也越来越高，而在晋城这个城市，温灸疗法目前还是个空白，办个以此为主的经络养生馆一定行！"崔东把自己的想法和刘波一说，立刻得到他的积极响应，正想一展宏图的刘波对此非常感兴趣，立即辞掉了在太原的工作毅然奔赴晋城。两人发动家人，共筹集了10万元的启动资金。这时候，刘波又想起了他的同学原燕。原燕也出身于针灸世家，祖上擅长于斑痕灸、雀啄灸、隔物灸，在校期间主攻艾灸疗法独有建树，于是崔东和刘波又专门去说服原燕和她的家人，邀她来晋城一同创业。

就这样，资金、技术都落实到位了，三个刚毕业的大学生开始了他们的创业之路。崔东是当地人，就负责在市里选地方租门面进行装修，刘波负责购买设备，原燕发挥女性优势，负责装饰。她自己亲自动手进行店面设计，请一个开画室的朋友一起忙了半个多月。

三个人毕竟是见过世面的人，他们的养生馆装修得非常有品位，再加上他们技术高超，技艺精湛，宣传到位，从开业到现在，就没冷清过。每一个抱着怀疑态度来到这里的顾客，最后总是面带笑容地满意离去，这给了崔东他们这些刚自主创业的大学生很大的鼓励。

现在，他们的养生馆已经经营一年多了，每个人都有了至少五万的分红，尽管算不上什么富人，但横向比较起来，已经很不错了。现在，他们打算明年把业务拓展到太原，我们有理由相信，他们的前途无量。

善于借助朋友的力量并与之合作，是纵横商海赚大钱的最佳方案，也是帮你实现"黄土变黄金"财富美梦的保证。在硅谷流传着这样一条不成文的"规则"：由两个MBA和MIT博士组成的创业团队，几乎就是获得风险投资的保证。虽然，这有些夸大其词，却蕴涵这样的事实：创业已非纯粹追求个人英雄主义的行为，团队创业成功的几率要远高于个人独自创业：

> 1996年，邓杰与两位清华校友共同创立了ACD公司，2001年成功完成ACD公司与UT斯达康的并购，随即出任UT斯达康ACD部门总裁；
>
> 1998年，邓锋与同班同学柯岩共同创办了Netscreen网络安全公司，6年后，Netscreen成为全球第三大网络安全设备公司。公司于2001年在纳斯达克成功上市，2003年市值达40亿美元；
>
> 1999年周云帆和杨宁这对美国斯坦福的同学，回国共同创办ChinaRen网站。2002年创立空中网，致力于发展彩信、WAP、JAVA等2.5G移动增值业务。2004年7月空中网成功在美国纳斯达克挂牌上市。

无数创业成功的事实表明，由研发、技术、市场、融资等方面组成的优势互补创业团队，是创业成功的必要条件。一项调查也显示，在创业成功的公司中，70%都属于合伙创业。

相对于个人的单打独斗，合伙创业有哪些优势呢?

资源共享：不管创业者在某个行业多么优秀，他都不可能具备所有的经营管理经验，而借助团队就可以拥有企业所需要的一切。例如顾客经验、产品经验和创业经验等，而且人际关系网络也能更多地帮助创业者。

风险共担：团结就是力量。许多时候，创业者在创业过程中会遇到很多麻烦，如果完全靠自己解决，可能会花费大量的精力。而团队是一体的，成败是整体而非个人，成员能够同心同德，经营成果能够公开且合理地分享，团队就会形成一股很强的凝聚力与向心力。

群策群力：由于组成合伙创业的基石在于创业愿景与共同信念，因此团队能够提出一套能够凝聚人心的愿景与经营理念，形成共同目标、语言、文化，作为互信与利益分享的基础。在决策时可以群策群力，这些正是企业生存发展的坚固基石。

总之，由于没有人会拥有创立并运营企业所需的全部技能、经验、关系或者声誉，因此，从概念上来讲，如果想要创业成功，就必须组成一个核心团队。

当然，创业选择合伙还是单干并不是绝对的，两者各有利弊，关键是要注意扬长避短。

6 狼性精神+道德底线=身价亿万

有狼性又有道德的人容易成功。可是狼性与道德又是最容易冲突的一对关系。每一个创业的人，时刻面临着利与义的考验，鱼和熊掌不可兼得，该如何取舍？见利忘义不行，守义舍利也不行。狼性让你贪利，道德让你卫道，真是个难题。

我有几个做律师的朋友，做得最好收入最高的那个，是口碑最不好的一个。朋友抱怨他，说每次同学聚会他都缺席或者迟到；妻儿抱怨他，嫌他陪家人的时间少；老家的父母也抱怨他，嫌他回家的次数越来越少；同行也诋毁他，说他总接受强势一方的委托，对于弱势群体的委托很少答应……

尽管收入不错，但他活得很累，他觉得自己很可怜，创业原本就很不易，加上这么多负面的评价，他很苦恼。

每次他向我倾诉烦恼的时候，我总是提醒他：保持狼性，守住底线。

这一场人生，我们都面临着情、义、利的纠缠。奋进需要狼性精神，需要当一条硬汉。而人非草木，孰能无情？亲情、友情、爱情有时候真的是一种羁绊。

保持狼性精神

创业是需要狼性精神的，狼性精神是促使一个人不停奋斗的动力。最近总在电视上听到一种酒的广告：年轻时要浓烈，中年时要淡定，老年时要厚重。意味着人生三个不同阶段的三种完美境界。年轻人是早晨八九点钟的太阳，要有野心，要保持一定的功利心，要像狼一样奔跑、追逐，只要这样才能捕获猎物，让日子富足。没有捕捉不到的猎物，就看你有没有野心去捕；没有完成不了的事情，就看你有没有野心去做。要当硬汉，要拼搏进取，跌打滚爬，要把儿女情长暂且放在一旁。所以，狼性精神缺不得。

守住道德底线

人生的可爱又离不开"羊性精神"，正因为有情有义有牵挂，人生才温暖可爱。所以，无论男人还是女人，在像狼一样战斗的同时不能丢弃羊的温柔可爱。追求功利当然不可以为所欲为，要有自己的底线。经商有底线。赚钱是没错，但赚钱不能破坏规则，不能以牺牲他人利益为代价，不能向社会转嫁成本。也就是说，商人不能只想着赚钱，不损害别人的利益，遵守法律和道德规范是一条最起码的底线。哪些能为，哪些不能为？哪些必须严防死守，哪些可以主动放弃的？哪些是不能超越的原则，哪些是非原则性的东西，而可以灵活掌握等等。这些，都是做人做事需要慎重掂量与把握的"底线"。

我觉得一个心智成熟的人，是能够处理好"狼性"与"羊性"之间的矛盾的。你可以面冷，但心不能冷。当然，不同的人有不同的底线标准，这就像女孩子和超短裙的关系，有的女孩说我最爱穿超短裙，越短越好，她的底线估计是大腿。而有的女孩会说，超短裙？我不能穿，太暴露了，我接受不了。她的底线估计是过膝的长裙。但无论如何，你总不能一丝不挂。

一旦你按照我说的平衡了心底的义利纷争，你的内心世界就笃定很多。至于社会上的评论，咱又不是名人，尽管置若罔闻好了，爱你的自然懂你，不懂你的又何必在意？

如果你实在太要面子，女作家严歌苓的这句话足以平复你心灵的杂音：

"我发现一个人在放弃给别人留好印象的负担之后，原来心里会如此踏实。一个人不必再讨人欢喜，就可以像我此刻这样，停止受累。"

7 创业者管理时间的魔法

一个人或一个团队能否在事业生涯中取得成功，秘诀就在于搞好时间管理。托马斯·爱迪生说过，世界上最重要的东西是"时间"。管理大师杜拉克也说："不能管理时间，便什么也不能管理"；"时间是世界上最短缺的资源，除非严加管理，否则就会一事无成"。

在我国，"时间就是金钱"的观念早已深入人心，无论对于创业者还是打工者，做好时间管理不仅意味着丰厚的经济回报，更能令自己的事业突飞猛进。保持焦点，一次只做一件事情，一个时期只有一个重点。聪明人要学会抓住重点，远离琐碎。

鉴于工作的压力和外部的竞争状况，有效地管理时间应注意如下几点：

(1) 良好的时间使用习惯是一种个人竞争力

管好时间，最根本最重要的措施是养成良好的时间使用习惯，比如有时间观念，不拖拖拉拉，做事有计划性，分清轻重缓急等等，都会大大提高你办事的效率。你应该做到：

有时间价值观念。避免"一分钱智慧几小时愚蠢"的事例，如为省两元钱而排半小时队，为省四毛钱而步行三站地等等，都是极不划算的。对待时间，就要像对待经营一样，时刻要有一个"成本和价值"的观念，要注重时间的机会成本，使时间产生的价值最大化。

合理地安排时间。合理地安排时间意味着让你在对的时间做对的事，是节约时间的最好方式。比如根据个人生活规律，选择每天精力最充沛、思想最集中的时间，去处理最重要的事情，达到事半功倍的效果。避免在高峰期乘车、购物、进餐，可以节省许多时间。

对工作事先做计划。如每年年末做出下一年度工作规划；每季季末做出下季末工作规划；每月月末做出下月工作计划；每周周末做出下周工作计划；每天晚上做出第二天的工作计划。

现在就做。许多人习惯于"等候好情绪"，即花费很多时间以"进入状态"，却不知状态是干出来而非等出来的，最佳时机是需要把握的。请记住，栽一棵树的最好的时间是20年前，第二个最好的时间是现在，手中的鸟比林中的鸟更有效。

学会说"不"。计划赶不上变化是经常遇到的情况，确实有很多时候自己原本已安排好了计划，但是经常会临时出现一些变化。例如，自己的主管要给自己加派新的任务，而如果自己接受了这个任务，那就会超负荷地运转而影响自己的业绩，也会影响公司的业绩。在这种情况下，要学会恰当地拒绝，这是时间管理中的摆脱变化和纠缠的一种很有效的方法。要学会限制时间，不仅是给自己，也是给别人。不要被无聊的人和无关重要的事缠住，也不要在不必要的地方逗留太久，不要将整块的时间拆散。一个人只有学会说"不"，他才会得到真正的自由。

集腋成裘。生活中有许多零碎的时间很不为人注意，其实这些时间虽短，但却可以充分利用起来做一些事情。比如等车的时间可以用来思考下一步的工作，翻翻报纸乃至记几个单词；娱乐时可回想遇到困难的事、急待解决的事等等。在疲劳之前休息片刻，既避免了因过度疲劳导致的超时休息，又可使自己始终保持较好的"竞技状态"，从而大大提高工作效率。

搁置的哲学。不要固执于解决不了的问题，可以把问题记下来，让潜意识和时间去解决它们。这就有点像踢足球，左路打不开，就试试右路，总之，尽量不要"钻牛角尖"。

(2) 常用的时间管理工具

时间"四象限"法。究竟什么占据了人们的时间？这是一个经常令人困惑的问题。著名管理学家科维提出了一个时间管理的理论，把工作按照重要和紧急两个不同的程度进行了划分，基本上可以分为四个"象限"：既紧急又重要、重要但不紧急、紧急但不重要、既不紧急也不重要。时间管理理论的一个重要观念是应有重点地把主要的精力和时间集中放在处理那些重要但不紧急的工作上，这样可以做到未雨绸缪，防患于未然。在人们的日常工作中，很多时候往往有机会去很好地计划和完成一件事，但却又没有及时地去做。随着时间的推移，造成工作质量的下降。因此，应把主要的精力有重点地放在重要但不紧急这个"象限"的事务上是必要的。要把精力主要放在重要但不紧急的事务处理上，需要很好地安排时间。一个好的方法是建立预约机制。建立了预约机制，自己的时间才不会被别人所占据，从而有效地开展工作。

时间ABC分类法。将自己工作按轻重缓急分为A、B、C三类；安排各项工作优先顺序，粗略估计各项工作时间和占用百分比；在工作中记载实际耗用时间；每日计划时间安排与耗用时间对比，分析时间运用效率；重新调整自己的时间安排，更有效地工作。

做好时间日志。你花了多少时间在做哪些事情，把它详细地记录下来，早上出门（包括洗漱、换衣、早餐等）花了多少时间，搭车花了多少时间，出去拜访客户花了多少时间……把每天花的时间一一记录下来，你会清晰地发现浪费了哪些时间。这和记账是一个道理。当你找到浪费时间的根源，你才有办法改变。

工作是无限的，时间却是有限的。时间是如此宝贵，但它又是最有伸缩性的，它可以转瞬即逝，也可以发挥最大的效力，时间就是潜在的资本。充分合理地利用所有可利用的时间，压缩时间的流程，使时间价值最大化，这永远都是富人的做法。

第三部曲

方法精准，
变身富豪一点不难

　　身在职场，要想有钱，无非通过两种途径：工作和理财。如果你两手都会抓，两手都很硬，那么你想没钱都很难。

　　大多数人之所以跟钱之间总有不可逾越的鸿沟，是因为他们不知道钱的"活动能力"，不会理财。钱，跟人一样，是有生命的。每一分钱就是你的一个"职员"，你的目标是让你的职员勤奋工作。经过时间的沉淀，职员会日益壮大，工作效率会不断提高，它们会帮你赚更多的钱，积累到一定的财富时，你就可以作为"董事长"早日享受退休生活。

第八章

不会理财，钱赚再多也白搭

1 不要小看金钱的"活动能力"

《马太福音》中有这样一个故事：

一个国王远行前，交给三个仆人每人一锭银子，吩咐他们："你们去做生意，等我回来时，再来见我。"

国王回来时，第一个仆人说："主人，你交给我们的一锭银子，我已赚了10锭。"于是国王奖励他10座城邑。

第二个仆人报告说："主人，你给我的一锭银子，我已赚了5锭。"于是国王奖励了他5座城邑。

第三个仆人报告说："主人，你给我的一锭银子，我一直包在手巾里存着，我怕丢失，一直没有拿出来。"于是国王命令将第三个仆人的一锭银子也赏给第一个仆人，并且说："凡是少的，就连他所有的也要夺过来。凡是多的，还要给他，叫他多多益善。"

这就是"马太效应"。

看看我们周围，就可以发现许多马太效应的例子。朋友多的人会借助频繁的交往得到更多的朋友；缺少朋友的人会一直孤独下去。金钱方面更是如此，会使用金钱的人，钱越来越多，而不善使用的人，会越来越贫穷。

我的朋友小韩在一家企业任销售总监，他已经在这家公司干五年多了，带过的六七个弟子，个个都是行业的精英，其中三个已经自己做了老板，其他两个也都是企业领导，唯独那个学历最高的弟子始终停留在业务员阶段。

同样的教法，同样的人，为什么学历低的弟子都出息了，而这个高学历的弟子却一直给人打工呢？朋友对我说："我这个弟子哪点都好，就是有一点不好的习惯——不敢花钱。起初我觉得年轻人懂得节俭是好事，但后来我发现，一个人如果太在意钱也是不自信的表现、担心受穷的表现。"

这个弟子挣了钱就存银行，不舍得吃不舍得喝，更不会和同事们一起聚会。他既不消费，也不投资，他的钱都是死钱。与之相配，他的人生也是暮气沉沉。

假如你不想像这个弟子一样一穷到底，那你就别把金钱看得太重，把钱掏出来，把钱用起来，让钱动起来，你才能富裕。为了让金钱动起来，你不能——

把钱看得太死

《伊索寓言》有这样一个故事：一个人把金子埋在树下面，每周挖出来陶醉一番。然而有一天，他的金子被贼偷走了，此人痛不欲生。他从没花过这些钱，每次只是看看而已，这些钱有和没有对他来说都是一样。

其实金钱和人的健康是一个道理，生命在于运动，如果你放弃身体的运动，整天躺在床上，慢慢地，你的四肢会变得懒惰，会失去活动能力，以至于萎缩。

放眼看看那些有钱人，哪个守着金山银山不动呢，他们都在玩各种各样的

"金钱运动"：

商人思想家冯仑公司上市名利双收，平日经常打磨段子，后来还爱上了写书、搞电子杂志；

经历了事业和家庭的双重不幸之后，曾经的云南烟草大王褚时健，在70多岁时，承包了2400亩山地，种植冰糖橙；

百亿身价的潘石屹回家常常听到妻子张欣的提示，要感恩、让步、少一点欲望……

一代又一代人对财富的渴求和使用彻底改变了他们的命运，催生了新的时代。作为普通人，我们和名人一样，用对钱才能提高个人的幸福感。你应该把你的钱掏出来，用好现有的每一分钱，提高每一笔消费的性价比，保持金钱的增值能力。这是你致富的不二法门。

把钱看得太重

不知道你有没有发现，富人与穷人之间有一个非常明显的差别——富人花钱比较豪爽；穷人一分钱都要掰成两半来花。也许说到这里有人会说："你说的不对，我看过很多有钱人，他们比谁都要抠门。"如果你这样想，说明你对"有钱人"的认识还不够。这个社会上的确存在着一些抠门的人，但我敢说，这种人一辈子都不会有大出息，更别说享受钱给人带来的幸福与乐趣了。为什么？因为财富不是靠省吃俭用、抠抠搜搜积攒而来的，而是不断把赚来的钱投资自己，让自己得到很好的发展，恩施他人，积聚人气，造福社会，壮大气场，进而获取更大的财富。这才是真正赚钱的方法，才是一个真正想致富人的思想。

我们可以看看比尔·盖茨、巴菲特，看看所有世界级的富翁们的行为，他们没有一个是"守财奴"，他们反而会把赚来的钱奉献出去，去帮助别人，去回馈社会。他们的举动说明了什么？说明了只有那些敢花钱、把钱花对地方的人才是最聪明的人，才是最懂得赚钱的人，才是最会赚钱的人。

善待金钱者，也必为金钱善待。这种善待，就是认识到金钱的价值，好好看护它、使用它、放开它。把金钱用好、用活、用精彩，上帝会为你鼓掌，会让你得到更多的金钱。这是个赢家通吃的社会，善用"马太效应"，让钱动起来，赢家就是你。

2 不会理财，百万富翁沦为看门老头

德国多特蒙德足球场旁边有一间矮小的看门人的房屋，里面住着一对老夫妇，男主人每天的工作就是清扫球场，在比赛之前修整草坪。这位老头就是当年叱咤球场的球星和百万富翁罗塔尔·胡伯。

从百万富翁沦落到看门老头，这样的故事可以让我们明白为什么要管好自己的钱袋，做好家庭理财。理财就是一个人对于个人或家庭财产的经营。其实每个人都在理财，不论您是在购物还是到银行存款、购买保险，这都是在理财。

理财可以帮您实现您的财务目标，比如您计划几年后买房，几年后买车，计划何时生儿育女并为他们的教育投资，您还要计划退休后能有个安稳舒心的生活，这些都要靠科学的理财规划和理财手段来实现。可是对于涉世未深的年轻人来说，他们对"理财"似乎不以为然，"今朝有酒今朝醉，明日愁来明日忧。"是大多数年轻人生活态度的真实写照。可是如果你再不学习理财，下一个"罗塔尔·胡伯"很可能就是你。你以为我是拿看门老头的例子来吓唬你？那我就给你举个我的两个闺蜜的理财故事。

我有两个好友，杨艳与胡敏，都是80后。杨艳是北京人，在商场做导购，月薪4000元左右，她的老公是单位司机，月收入5000元左右。由于双方家庭经济条件尚可，结婚买房都是父母操办，再加上没有小孩儿，因而两人都可劲儿花工资，在旅游、购物、保健、娱乐等方面花销很大，没有任何积蓄和投资，自认为活得很潇洒。一年后宝宝的诞生让他们开始感到了经济压力，尽管由老

人帮忙带孩子，可是奶粉钱、宝宝衣服等生活用品总不能还指望父母吧。

不幸的是，宝宝一周岁的时候心脏不好住院一个月，花掉好几万，弄得杨艳整天提心吊胆、愁容满面。祸不单行，由于心情不好的缘故她又病倒了一个多月，花了不少钱。后来上班了她脾气暴躁还三天两头请假，被单位辞退。自此家里的经济陷入困难时期，虽然没两个月杨艳又找到另一份工作，可是待遇明显少了许多。现在杨艳总是后悔当初没有多存些钱，现在想存点钱觉得好难，因为家里多了一个人负担，日子过得紧巴巴的，再也不敢像以前一样胡乱挥霍了。

胡敏是来京谋生的，她和爱人都在超市上班，加一起月薪不过8000元，也没有孩子，两家父母条件一般，只凑了首付款给他们，房子是按揭15年期还，月供1200元。照理说他们余下的收入很少，可是他们却过得轻轻松松。经过讨教才得知他们有两大秘诀，吾认为有必要将宝贵经验和大家晒一晒。

(1) 节约各项生活开支

水 卫生间准备两个大桶，储存洗菜、洗脸水，冲马桶，最后一遍透衣服水比较干净，留用涮拖布打扫卫生。

电 进一间房开一盏灯，离开后及时关；响应环保号召尽量使用节能灯管；少开空调少用暖气，风扇、自然风也要适应。其实长时间开空调对身体不利，只能习惯待在空调房，缺乏耐受力。

气 不要每天都炖汤，炖一次是一次，将汤放凉后倒在几个大搪瓷杯里，全部冷冻。喝一杯化冻一杯，既不变质又不浪费，味道和刚炖出来时一样鲜美，重要的是省不少天然气。

手机 不煲电话粥，用QQ、MSN聊天工具；办长途优惠卡，节省长话费；发短信每条多发些字节，想说的事情都叙述清楚完整，发两三个字也算一条信息费的。

车费 不赶时间绝不打出租车；距离近坚持步行，天气好骑单车，既锻炼身体又省车费。

美容 自制蔬果蛋清蜂蜜面膜护肤，成本低效果好且节约时间。

衣 女人永远都觉得少一件衣服，其实用心搭配、巧妙点缀会让旧衣焕发新美感，自然就不会整天想买新服装浪费开销。

食 每月去享受一次美食才有新鲜感，平时夫妻一起动手在家做喜欢的菜肴，或是轮流做饭，享受平淡生活。

旅游 年轻需要阅历，可是不是花费钞票世界巡回旅游才叫历练，节假日携手到附近大山登山锻炼，经济更浪漫。

(2) 部分积蓄分别购买基金、国债，都是风险小、收益不错的投资方式

胡敏投资的产业每年都有一定收益，光是网上低成本回收邮、卡、币和古董等每周到交易市场转手都是一笔不菲的回报。最近半年小人书身价倍增，他们一年前就看准这项投资回收了上百本，果不其然今年赚率300%，实在令我折服。可见工薪阶层不仅只靠工资吃饭，眼光准、有胆识、肯吃苦、量力而行，收获丰收的硕果远比整天吃喝玩乐活得有意义、有价值。

现在胡敏有了身孕，问她可有生活压力，她坦言并不担心，因为她早已经存下一笔款额足够分娩与好几年奶粉钱。另外，她在网上花时间搜罗收集的各种物品身价依然不断飙升，只要价格合适就一一出手，即使一方带孩子不工作经济也不会有困难。

上述两家鲜明的对比，读者朋友一定明白为什么需要学会理财了吧。钱不是挣回来花光才叫快乐，只有懂得开源节流、适时投资、源源不断、细水常流地花钱才会感到真正踏实、幸福。

不要等到被生活的窘迫折磨个半死，才开始想起理财的好处，要懂得未雨绸缪的道理，理财不是与生俱来的技能，你需要学习，需要学会制订科学的理财规划。学习并善于运用各种理财手段，这样你就不必担心有像罗塔尔·胡伯那样的窘境了。

3 哪怕只有一分钱，也要理财

有这样一个月光族女孩子，她迟迟不开通网银，每次网购，都要麻烦别人给她支付。问她为何不开网银，她答：卡上没几毛钱。

她听到理财就反感，每次朋友劝她理财，买点黄金啥的。她都说，理财是有钱人的事，我没财，理什么呀？

和这个女孩子一样，许多人不理财是认为自己的钱财不多，还没有达到可以理财的程度。其实，理财是一种生活态度，它不关乎财富的多少，只在于你有没有这种意识和习惯。只要想理，我可以告诉你：一分钱也可以。

许多年前，最小的货币单位还常常标示为"分"，孩子们的储蓄罐里经常是叮当作响的分币，存到一堆，数给银行一个整数，开个存折，定存。到今天，纵使你没有跑过CPI，但也一定比你当初存入银行的数量要多。

还有一种情况，哪怕你没有存入银行，就是这一堆硬币，看看里面有没有上世纪五六十年代品相好的壹分、贰分、伍分的硬币，如果有，恭喜你，在收藏市场这些钱币的价值已经远远超过了它的面值。

又比如，当你为用几分钱在20世纪80年代初买到了一张面值八分的1980年生肖猴票而懊恼，而你又随手将它夹进一本不常看的书里，今天你翻出了这张猴票，你就会使劲拍着自己的脑袋偷偷地笑了，现在值8000多元了，最高时每枚达9500元。

又比如，1988年，在深圳红荔路深圳图书馆路边你以100分钱一股买了100股万科或深发展的面值一元的股票，一直持有至今，这笔股票资产如今也早已过拾万元了。

所以，理财不是把钱掏出来比阔气，比实力，而是打理管理自己的财富，最低目标是财富不要贬值，高的目标是保值增值。钱多有钱多的理法，钱少有钱少的理法，要理财不在乎钱的多寡，而在乎你是否现在就做。

说到实际的理财生活，理财应该"从第一笔收入、第一份薪金"开始，即使第一笔的收入或薪水中扣除开支之外所剩无几，也要理财。十多年前，我还在上班的时候，编辑部新分来一位小姑娘，当时每月3000多元的工资，这位新同事又是拿出部分钱买份保险，又是零存整取，两年后交了个首期供了套小户型。几年过去，而差不多同期来的其他同事，与这位小姑娘的财富积累就拉开了差距。

也有同事十多年前就开始，每过一段时间就买上一百或几百股看好的股票，积累起来也是一笔不小的财富。

理财的方法每个人可以选择适合自己的种类，但理财行动却不可以没有。即便你的收入在支付完每月的必要开支后所剩无几，你也应给自己定下一条铁律：先将每月薪水拨出10%来投资，而且要长期坚持，保持"不动用"、"只进不出"的状况。因为这是最有效的财富积累方式，如果你每月挤出500元存入银行，20年后，仅本金一项就达到12万了，如果再加上利息，数目更不小了。当然，你若是将每月500元钱，以定期定额的方式投资基金，那么20年后所产生的本息收益将能使你安度晚年。

其实，绝大多数的富人，其巨大的财富都是由小钱经过长期的投资逐步累积起来的。所以，不要忽视小钱的力量，在时间的作用下，小钱将会变成"大钱"，而且"变化"的结果十分惊人。

发现你身边的小钱

小钱在哪里？不找不知道，一找吓一跳。不知不觉在你手中流过的，其实大部分都是我们平时不太注意的小钱。它可能是单位临时发放的一笔奖金，或是投资型保险到期的效益，也可能是老公一时高兴上缴的"脂粉税"，还可能是你在外面兼职获得的一点小报酬。

小钱的理财，你所需要做的事情，就是不要着急将每次收到的小钱花出去，而是在家里设立一个特制钱包，每累积到2000元为一个单元，就可以将之存到银行或进行投资。这样，既能有效地控制你的情绪化消费，又能让你的小钱显得不至于太"小"，理起财来，才更有动力。

打理你身边的小钱

积少成多的道理谁都知道。所以，在这里，我们并不会向你介绍诸如"零存整取"一类的小钱理财的古老办法。若你身边已经攒满了2000元，大可以通过如下形式作最简单也是最方便的积累投资。

A.购买纯债基金

现在市面上有许多种短期纯债基金由银行托管销售，最长可投资三年以内的国债、金融债、协议存款等低风险窗体底端理财产品，其稳妥性与银行人民币理财相差无几。但中短期纯债基金的优势是起点低，一般1000元人民币就可以购买，并且中短期纯债基金两个工作日即可变现。目前中短期纯债基金的年收益率一般在2%～4%，收益率高于定期存款，也高于货币市场基金。所以，你手中有闲钱时，不妨购买一点。

B.购买货币基金

在银行开设一个活期账户，同时再开通网银，你就可以方便地加入基金投资一族的行列了。就算手上只有三五百元也不要紧（当然我们更赞同你以2000元为一个单位投资，因为大多数的货币基金投资起点都为1000元人民币），统统存入活期账户，然后再通过网上银行的投资专栏，就可即时进行货币基金的申购和赎回。

C.投资黄金

当黄金市场开放后，投资黄金就成了一个非常好的投资渠道。比如某段时间国际金价超过了500美元／盎司，今年大的趋势应该还是上涨，预计到年底有望达到600～800美元／盎司。对于手中有小钱的你来说，既可投资纸黄金，也可买实物黄金。但投资纸黄金需要一定的专业知识和时间，对于大多数普通人来说，还是买实物黄金最简便、稳妥。

同样的投资类型，还有邮市、币市等。

D.购买保险

就算每个月只有不过几十元的小钱，精心策划之后，照样可以带来想不到的回报——积攒你每个月钱包里剩下来的"边角银子"，像孩子那样放在储钱罐里。一年只消300～500元，你就可以投资一份保障相当全面的健康保险。

E.投资可转债的金融产品

可转债，其实是一种可以在特定时间，按特定条件转换为普通股窗体底端股票的特殊企业债券。这种金融产品第一是保证本金和最低收益，正常年利率在1.5％左右，高于一般活期存款；第二是可以将债券转换成股票。如果购买可转债，可以实现这样的目标：当股票下跌的时候，持有债券，保证最低收益，当股票价格上涨到一定程度的时候，转成股票卖掉，获得超额利润。一句话，买可转债的盈利下可保底，上不封顶。所以，对于手中只有小钱的投资者来说，可以说是一种收益率相当不错，又可以保底的理财工具。

4 先学会赚自己的钱，再考虑赚别人的钱

一提到赚钱，好多人的眼睛就向外看，拼着命让别人的钱变成自己的钱。然而，在赚钱的过程中，我们往往忽略了一个最重要的人——自己。所以，好多人赚钱的途径显得很单一，他们就只懂得向外一味去挖掘和索取，却忘了赚自己的钱也是一条发财之路。如果你认识不到这条路，别人的钱你赚得再多，都被这个你忽略的人花掉了，到最后你还是难逃穷光蛋的命运。钟镇涛破产的案件就为我们提供了一个活生生的例子。从别人身上赚钱很重要，赚自己的钱更重要。所以，科学理财，得从个人合理消费，会花钱开始。

花钱，听起来是一件很简单的事，幼儿园的小朋友都已经有很强的花钱意识了。很多人也深有体会：相对于挣钱来说，花钱实在太容易了，但容易不等于简单，花钱真的是一件很简单的事吗？其实，花钱的问题相当考验你的理财能力，如果你在花钱问题上随意性很强，毋庸置疑你的理财能力是很差的。

回忆一下去超市购物的经历，到处都是打折商品，促销小姐热情地向你推

介，买吧！还犹豫什么呢？再没有比这便宜的东西了！于是，吃的、喝的、穿的一大包买了回去。到家才发现，家里还有一箱未喝的牛奶，而食用盐和醋却没能买回来，相信很多人都有过这样的经历。这种现象的原因在于事先没有一个合理的购物计划，导致消费时缺乏控制力。当然，这种花钱的效用相信很多人也不会满意，但现实生活中大部分人总是周而复始地延续这个教训，而且"乐此不疲"。

只需稍微留意一下，你就会发现，全世界最有钱的人，一定是最节俭的人，最会花钱的人。

洛克菲勒到酒店住宿，从来只开普通房间。侍者不解，问："您儿子每次来都要最好的房间，您为何这样？"洛克菲勒回答："因为他有一个百万富翁的爸爸，而我却没有。"

一次，李嘉诚上车前掏手绢擦脸，带出一块钱的硬币掉到车下。天下着雨，李嘉诚执意要从车下把钱捡起来。后来，还是旁边的侍者为他捡回了这一块钱，李嘉诚于是付给侍者100块的小费。他说："那一块钱如果不捡起来，被水冲走可能就浪费了；而这100块却不会被浪费。钱是社会创造出来的财富，不应被浪费。"

瑞士人常说："我们没有资源，有的只是一双勤劳的手，既然是靠一双手挣来的财富，就没有理由不好好珍惜。"

泰勒·巴纳姆出身卑微，从杂货店店员起家，后来创立了世界上最大的联合马戏团，成为世界上最有钱的人之一。他积累财富的方法也是靠"会花钱"。他给我们指出了一条创造和积累财富的最简单可靠的方法，认真听听这位白手起家前辈的教导，相信对任何人都不无裨益。

最多舒适，拒绝奢侈

致富的方法中包含一个最简单的方法，那就是量入为出。正如米考伯先生（英国作家狄更斯小说《大卫·科波菲尔》中的一个人物）所说："一个人，如果每年收入20镑，却花掉20镑6便士，那将是一件最令人痛苦的事情。

反之，如果他每年收入20镑，却只花掉19英镑6便士，那是一件最令人高兴的事。"你或许会说，"这个道理我们知道。这叫做节约，就像吃蛋糕，蛋糕吃完了就没有了。"但是知道是一回事，能不能身体力行又是一回事，很多人就是在明知这个道理的情况下破产的。

　　节俭总是意味着收大于支。旧衣服可以再穿一穿，新手套可以暂时不买，食物可以不必太讲究，房子可以住得小一些，能自己做的事情就不要花钱请人来做。在这样的情况下，除非出现意外，否则一个人终其一生，肯定可以积攒一笔不小的财富。这一分钱，那一块钱，如果存起来，加上利息，就会不断增加。如果你再懂得合理的投资和理财，比如在适当的时候投资房地产，将存银行的钱换成国债以获取更高的利息，那么，你的财富的增长速度将会更快。我建议你从现在开始，准备上一个小册子，画上表格，记录下你的每一笔开支。表格可以分为三栏，一栏为生活"必需品"，一栏为"舒适品"，再一栏为"奢侈品"。不久你就会发现，你花在舒适品或者奢侈品上的钱，远远超过生活必需品，有时候会超过10倍不止。这样的花费其实是没有必要的。

警惕为鞍买马

　　我有一位十分富有的朋友，在他因为一笔生意赚到一笔大钱的时候，给家里买了一个考究的新沙发。光那个沙发，就花了他3万元。沙发运来了，却发现茶几不配套，于是又更换茶几，然后是桌子、椅子，一直到最后将整个家具全部都换掉了。这时却又发现，和容光焕发的新家具比起来，房子未免显得太老太旧。于是拆掉旧房，盖上和新家具相配的新房。"就这样，"我的朋友说，"为了这个沙发，我的花费加起来竟然达到10万元。然后为了维护它，我每年还得花好多钱和精力。想想在此之前，我每年只要花上几千块，就可以过得相当舒服，而且没有那么多烦恼，没有那么多要操心的东西。这个沙发最后差点将我拖到破产的边缘，要不是我在朋友的帮助下赚了些钱，我就彻底的完了。从此我下定决心节制花钱的欲望，开源节流，再也不做这种为鞍买马的傻事了。"

小心为消费负债

刚刚开始独立生活的年轻人尤其要小心避免债务。负债会轻易剥夺一个人的自尊，甚至使人们自己鄙视自己。当债主上门要债时，你却无钱还债，那种尴尬会逼得你不知尊严为何物。曾经有一个乡下的富翁教育他的儿子说："约翰，千万别去赊账，非赊不可的话，就去赊点粪肥，它们可以帮你还账。"这话的意思是说，如果你万一要赊账要举债的话，也应该是为了投资，为了赚更多的钱，积累更多的财富。如果仅仅是为了吃吃喝喝，穿好的吃好的，住大房子、开好车子，在他人面前打肿脸充胖子，那么千万不要去举债。

一旦你养成了良好的消费习惯，成了一个会花钱的人，当你回过头来观照一下自己的时候，你会发现，不知不觉中，你已经为自己省下了一座金库。

5 拥有"管道收入"，一年四季享清福

您了解过《管道的故事》这本书吗？它讲了个故事，这个故事发生在上个世纪的美国，一个偏远的地区。

因为常年干旱，那个地区的老百姓祖祖辈辈没有水喝，打井打到80多米深，就是打不上来水，怎么办？老百姓每天都要早早起来挑着担子到20公里以外的水源地去挑水，天天这样。不久就出现一个有商业头脑的老人，这老人说，你们啊，就别受累，别去挑那水了，我来买匹马，做个马车，再做几个木桶，负责给你们运水，你们花钱买我的水，10美元一桶。

老百姓们都欣然答应了，因为省去了好多时间。结果这老人就开始运水卖水，干了三个月，这个老人还真赚了钱。

可是三个月以后又出现一个更有生意头脑的年轻人，年轻人对乡亲们说，我也有水卖给你们，我卖的水更好，还便宜，2美元就卖给你们。老百姓就开

始买这年轻人的水。

先前那位老人很生气，回家就动员三个儿子，你们什么都别做了，农活也别干了，从明天开始同我一起运水。就这样，老人带领他的三个儿子连夜做了马车又买了几匹马，第二天两辆马车去运水，但是因为他用马车运水，慢还不干净，一路颠簸，水价也很贵，老百姓再也不买他的水。这位老人开始赔钱了，那马也白买了。而那年轻人从此以后就以卖水为生，很快成了这个地区的首富。

你知道这位年轻人是怎么富的吗？我来跟你剖析一下。

这位年轻人是这么想的，要想富，像那个老人不可能富，他拉一车卖一车，起早贪黑多拉一车，多卖一车，最多是生存，不可能富起来。我可不要这么辛苦，我得想个法子让自己不出力气就能收钱。年轻人想来想去，他想到了要铺一条管道。他开始雇人，到处去割竹子，然后他又雇人从水源地到这个地区挖了一个地沟，用这个竹管就给连上了，像自来水管道。他又雇人在水源地接水，水顺着这管道半个小时流到目的地。这一切都准备妥当后，这个年轻人足不出户，只负责收钱，没起早、没贪黑、没努力、没勤劳，从此以后，就给自己修了一个源源不断地给他带来金钱的"管道"。

故事中，那个老人怎么失败，最后为什么穷？就因为他拉一点卖一点，不拉就不卖。最多生存，富不起来。即使没有这个年轻人的挤对，他迟早也会贫穷。世事无常，万一他病了，或者老了，拉不动了，没水卖了，自然还是会穷的。而年轻人，有这么一条管道，无论生老病死，他都有钱进账。

这个故事教育我们：要想让你的收入增加，要想当富人，要懂得给自己铺一条赚钱的"管道"。没有"管道"，只靠出力，根本达不到理财的最佳效果。比如你兼个职，一个月多收入1000块，你拿个第二学历，工资提500元，这都没什么太大的意思。

现在咱不说李嘉诚，不说比尔·盖茨，说说中国的一些亿万富翁们，他们早上睁开眼睛，迷迷糊糊吃早点的时候，赚钱吗？赚，因为他们都拥有管道，啥都不干照样有水流。他们下午请朋友们喝茶，不谈生意，赚钱吗？赚，因为有个管道。他们晚上请你唱卡拉OK，赚钱吗？赚，还是因为有这个管道，他们凌晨睡觉做美梦的时候赚钱吗？赚。这就是系统的魅力，也是管道的魅力。所以，理财的最高境界是拥有"管道收入"。

不光这些富人，我们身边的很多人，都已经意识到管道的魅力，他们都找到了自己的管道收入。唐先生租了邻居一套两居室的房子，把它隔成很多个小房间，租给附近求学的学生，一年创收十几万，比工资高出一倍。沈阳的张某在两年中购买了四套房产，总值100多万元，扣除各种成本、银行借款利息、税金，净利达20多万元。购买保险也是生财之道，张先生用一部分资金用来购买投资型保险。保险除了具有防范意外的功能，还延伸出来储蓄、投资等功能。炒黄金收益也很可观，上海陈女士从今年初到"五一"前，投资黄金2个多月，就赚了超过25%的净收益，现在还在金市里一展拳脚。投资收藏品也能获得不菲的收益，下岗职工张先生在再就业上选择自己有兴趣有爱好的一行——收藏成本很低的连环画，在上海文庙书市开了一家专卖连环画收藏品的小店，小店虽小，但生意却不错。他介绍说："我们店有些老连环画，当时每本售价几角钱，如今可以卖到一百多元，有些再版老连环画，原价只十几元，现价上百元，翻了十倍之多。"除了这些投资工具之外，债券、外汇、期货、期权、银行贷款、银行存款等等都是有效的理财工具。

总之，在这个理财产品俯拾皆是，投资渠道各式各样的时代，这样的"管道"比比皆是。你只需要根据你的财力和爱好，找到适合你自己的"管道"，就能享清福了。

6 "复利"的威力大过原子弹

有一个古老的故事，一个爱下象棋的国王棋艺高超，在他的国度从未有过对手。一天，一个年轻人来到了皇宫与国王对弈，并赢了国王。国王高兴之下，问这个年轻人要什么样的奖赏。年轻人说在棋盘的第一个格子中放上一粒麦子，在以后的每一个格子中放进前一个格子一倍的麦粒，直至将棋盘每一个格子摆满。

很快国王就发现，即使将国库所有的粮食都给他，也不够放满棋盘。

这就是复利的秘密！尽管从表面上看，他的起点十分低，但是经过很多次的累乘，最终结果就迅速变成庞大的数字。

爱因斯坦曾经说过，复利是世界第八大奇迹，因为它揭示了财产快速增长的秘密。福布斯富豪榜上的牛人，其身价也都是靠复利抬起来的。

2011年3月，《福布斯》杂志发布的全球富豪榜中，78岁的投资大师巴菲特以620亿美元身价，问鼎全球首富。而在38年前其40岁时，巴菲特当时仅有约2000万美元。虽然这在当时的美国已是很大一笔财富，但也入不了美国的富豪榜。而历经38年，2000万美元变成了620亿美元，而从2006~2008两年间，其财富便增长了170亿。诚然，这是大师的杰作！不过，诀窍却看似简单，他不过是让那2000万，每年有约平均不到24％的投资收益而已！并将所得资产不断地最大效率化，天文数字的资产就是这样创造的！在财富积累的过程中，不可小觑"复利"的力量。

虽然在现实生活中，并不是所有的人都有机会拥有亿万家产，而我们倡导的金钱效率亦非停留在财富的数字增长层面。不过，在当下需要你不断积累财富对抗经济变化的时代，而你却依然在为自己苦苦得不到真正能够享有的财富生活而困扰时，停下来思考，如何让你现有的财富变得高效率，让复利为你盈利，变得更为实际。

复利是如何福利的

不少人对于"复利"两字都很熟悉，但是，关于复利是如何"抬人"的，他们并不熟知。其实，所谓的复利，简单说就是利滚利、钱滚钱的观念，其推算公式就是本利和=本金×（1+年报酬率%）的n次方，此中n为设定之投资年数。

比方每年投资1万元在年报酬率10%的理财工具上，第一年的本利和就是11000元，而第二年的投资本金就是1万元再加上第一年的11000元，也就是将第一年的获利1000元并入本金继续投资，因此第二年的本利和就是21000元×10%为23100元，第三年再以33100元继续投资，如此依次递增，20年后本利和将达63万元，以本金总和20万元来看，20年间的投资报酬率逾300%，与最初每年投资报酬率10%（单利）相较，复利的威力可见一班。

而根据该公式的演算模式，若以每年投资14000元，投资报酬率提高20%、投资年限拉长至40年来计算，则本金总和56万元在40年后竟可变成1亿元，显示复利效果在时间拉长及投资报酬率提高下，其财富膨胀的效果更为明显。

复利投资越早越好

复利投资当然是越早越好。如果从年轻时坚持投资，随着时间的延续，回报将会非常惊人。

我们举个例子作个比较。两个年轻人，一个在22岁开始每年投资1万元，直到40岁，每年按照复利15%的方式增长；另一位，32岁才开始投资，他每年投2万元，也按照15%复利计算到40岁，那么结果会是谁的多呢？是22岁的那位！影响财产积累的因素有3个，一是具备增值能力的资本；二是复利的作用时间；三是加速复利过程的显著增长。显然，及早开始自己的投资、尽早开始享受复利是让资金快速生长的最好方式。

何种产品最具复利效果

至于何种理财产品最具复利效果，只要有投资报酬率的理财工具，再加上时间累积，都会有所谓的复利效果。因此评估复利效果的关键不在于理财工具，而是在于投资报酬率高低及时间长短，也就是说只要是具有投资报酬率的理财工具，加计投资的时间后，都可以产生复利效果。

具有复利效果的理财工具，最常见的就是定期定额投资。所谓定期定额，即投资者每月在固定的时间以固定的金额投资于一只或多只基金。除了定期定额或单笔投资基金外，股票也是一个拥有复利效果的典范投资工具，只要锁定一档根本面良好的个股，在大盘长线向上的情况下，则该档个股的投资报酬率加计时间的累计，其获利将十分可观。

不过，在此要提示投资人，投资报酬率越高，也代表风险越高，因此投资人最好进行资产配置，也就是利用高低风险不同的理财工具搭配投资，最常见的就是股票与债券进行搭配，或是混合型基金搭波动较大的股票型基金，可兼顾获利与风险控管。

7 微利时代，不欢迎"理财过客"

经过近几年的市场炒作，房产、股票、收藏等领域都经历了一轮巨幅上涨的行情，能够产生暴利的投资理财领域几乎不存在了，一夜暴富发财的机会已经少之又少，又进入一个微利时代。

在微利时代，要理财致富，就要依靠长期的投资来积累财富。

理财是贯穿人的一生的事情，因此，理财人生犹如马拉松比赛，贵在坚持。而长期坚持十年如一日的理财行为只有靠养成一种习惯来保障。就像先哲所说的：人的思考取决于动机，语言取决于学问和知识，而人的行动则多半取决于习惯。习惯是一粒种子，播种良好的理财习惯，你就会收获丰硕的财富。

其实，投资理财没有什么复杂的技巧，最重要的是认定一个目标、采取一种办法，然后长期坚持不懈。每一个理财致富的人，只不过是养成了"一般人都知道，但没有坚持去做"的习惯而已。

一些人理财致富挫败的原因，就是没有养成一种长期坚持理财的习惯。理财致富最困难的时期，就是刚开始的那段时间。许多人在刚开始的时候，满腔热情，寄希望理财致富能立竿见影，财富迅速膨胀。一夜暴富是一种较为典型的投资理财心态，怀有这种心态的人总是希望能够在最短的时间里面，捕捉到常人所发掘不了的投资机会，迅速地获得高额投资收益。但过了一段时间，预期的财务目标没有实现，最初的热情就逐渐降低，最终放弃了理财规划，成为财富领域的一名匆匆过客。

小林就是这样一个理财过客。

小林，1986年出生，广告公司客服，工作三年，月薪5000元左右。

一方面他不想让自己辛辛苦苦赚来的钱放在股市里冒风险；另一方面，又想很快地让自己的收入见到很好的回报。思来想去，在朋友的建议下，他买了一支基金。在他看来，基金的低风险与平稳收益对他这种谨慎胆小还想发财的投资者而言，是一个不错的选择。

前几个月，他持有的基金表现优异，小林每次上网站看他的基金时，都能由衷地感受到财富增长带给他的惊喜。然而，在接下来的三个月里，这支基金开始不断地"跳空"，反复考验着他的心理承受能力，耐住性子的小林坚持认为它是在积蓄力量，酝酿反弹，所以暂时没有采取什么措施。然而，再接下来的好几个月里，小林发现他的这只"鸡"变成了"瘟鸡"，长跌不起，到最后几乎是"破罐子破摔"，再也不理会小林焦灼的目光了。结果，小林刚刚尝到了一点增值的喜悦，就眼看着这支他寄予了厚望的基金一落千丈。愤怒的小林一气之下，不顾朋友的劝告，立马"杀鸡"——将这支基金低价处理了，并打算从此以后，再也不涉足投资理财了。

然而，过了不久，他就尝到了冲动的后果，小林当初买下又抛弃的那支基金奇迹般地咸鱼翻身，一举创下了佳绩，而小林的一时冲动，让他损失的，不仅仅是金钱，更是第一次投资失利的账单。

从小林的经历中，我们可以得到这样的教训：不管我们多么地渴求财富，在投资理财的时候都要头脑冷静、踏实稳当。像小林那样，在理财的过程中，想通过快进快出，很快地赚到大钱，想一想的确是很诱人，但是事实和经验告诉我们：理财不应是一时的冲动，而是一个中长期的规划，需要的是正确的心态和理性的选择，在坚持中养成习惯，在习惯中坚持不懈，往往收效更佳。

要培养理财习惯，方法多种多样，比如实施基金定期定额投资计划、长期坚持零存整取储蓄、购买期限较长的期交分红型保险，等等。在长期的持续性重复的行为中培养惯性，最后成为一种自然，养成理财习惯，使理财成为日常生活中不可或缺的部分。

理财一旦成为一种生活习惯，也就会成为一件轻松愉快的事情，你的财富也就在愉悦的习惯中增值和膨胀。

8 低收入者跟我学，保你三年内买车买房

你是蚁族，你是屌丝，你是矮穷矬，你是城市拾荒者，你是城市低收入者，你想买房，该咋办？

无它，理财，还是理财。通过合理的操作，让财富逐年高速增长。

假设你的月收入只有2000元，你也可以过得很好，而且能在三年内买房。你应该把钱分成五份。第一份600元，第二份400元，第三份300元，第四份200元，第五份500元。 这五份钱尽管其用途是不一样的，但都从不同的方面共同服务于你的买房梦想。

第一份用来做生活费。这么少的生活费，每天只能够平均消费十几元。早餐一份煮米粥，一个鸡蛋，一盘煮花生米。中餐一份快餐，一个水果。晚餐自己开个小灶，煮点饭，炒两个菜，睡前一杯牛奶。这样一月的伙食大概是

500~600。别看花费不多，但这样的食谱，既干净又养生，保你数年内不会有健康问题。

第二份用来交朋友，扩展人脉。这笔钱足够你使用。你的电话费可以用掉100元。每个月可以请客两次，每次150元。请谁呢？记住，请比你有思想的人，比你更有钱的人，和你需要感激的人。

每个月，坚持请客，一年下来，你的朋友圈应该已经为你产生价值了，你的声望、影响力、附加价值正在提升，形象又好，又大方。

第三份用来学习。每个月可以有50元~100元用来买书。钱不多，买的书就要认真阅读，并且要有学以致用的精神。每一本书，看完后，就把它变成自己的语言讲给别人听，与人分享可以提高你的信誉度，并且，提升亲和力。另外的200元存起来，每一年参加一次培训。从不间断。等收入高一些了，或者有额外的积蓄，就参加更高级的培训。参加好的培训，既可以免费结交志同道合的朋友，又可以学习对自己有用的技能。

第四份用于旅游。一个讲究生活质量的人一年至少该奖励自己旅游一次。生命的成长来自不断地历练。参加那种自由行的旅游，住进青年旅社，地球其实并不大，每年都出门，几年下来，你的足印可以踩满地图，许多美好的回忆，成为生命的动力，更加有热情和能量，去投入工作。

第五份用来投资。先存起来，然后可以投资到股市里，也可以用来做进货的本钱，小本生意很安全，开一个淘宝网账户，去批发点东西来卖，亏了反正也不多，赚呢，既赚了金钱，又赚了自信和胆量，还赚来做事情的阅历。赚的钱多了，就可以开始购买长期的投资计划，使自己提早获得一份长久的保障，保证自己和家人在将来，不论发生什么事情，都有一份充足的资金来照顾，生活品质不会下降。你的收入至少要增加到5000元。最低也应该是3000元，否则你收入的成长还赶不上通货膨胀呢。如果你还在拿2000元的收入，那就是你的不是了。

假如你的月收入还是在3000元以下，那你一定要兼职赚钱，不要穷清高，对工作挑三拣四的，这个不愿意做，那个没有兴趣。收入不高，一定要非常勤奋，尽量去找跟销售有关的工作，比如房地产中介，这就是很不错的兼职工作，既可以认识很多有价值的人，又可以锻炼自己的信息收集能力和营销技巧。

像衣服啊，鞋子啊，包包啊等非生活急需品，这一年你是得尽量少买了。要想买的话最好全部通过你的兼职赚的钱去买。当作奖励自己的一种方式。

到处都有需要帮助的生意人，兼职帮他们做点事情，去磨练自己的意志、口才、和工作能力吧。

无论你的收入是多少，记得分成五份。增加对身体的投资，让身体始终好用；增加对社交的投资，扩大你的人脉；增加对学习的投资，丰富你的知识；增加对旅游的投资，扩大你的见闻；增加对未来的投资，增加你的收益。

保持这种平衡，逐渐你就会开始有大量的盈余。这是一个良性循环的人生计划——身体将越来越好，得到更多的营养和照顾。朋友会越来越多，存储许多有价值的人脉关系，同时，你也有条件参加那些非常高端的培训，使自己各方面的羽翼丰满，思维宽阔，格局广大，性格和谐。而你，也就能够逐渐实现自己的各种梦想，购买自己需要的房子、车子，并且给未来的孩子准备一笔充足的教育基金。

人生是可以设计的，生涯是可以规划的，幸福是可以准备的。现在就可以开始。还有一点你要记住，那就是在你穷的时候，要少在家里，多在外面。在你富有的时候，要多在家里，少在外面。这就是生活的艺术。穷的时候，钱要花给别人，富的时候，钱要花给自己。很多人，都做颠倒了。

穷的时候，不要计较，对别人要好。富的时候，要学会让别人对自己好。自己对自己更好。穷要把自己贡献出去，尽量让别人利用。富，要把自己收藏好，小心别让别人随便利用。这些奇妙的生活方式，是很少人能够明白的。

穷的时候，花钱给别人看。富的时候，花钱给自己享受。穷的时候一定要大方，富的时候，就不要摆阔了。生命已经恢复了简单，已经回到了宁静。

年轻不是过错，贫穷无需害怕。要懂得栽培自己，懂得什么是贵重物品，懂得该投资什么，懂得该在哪里节约，这是整个致富过程的关键。一旦生活需要的钱已经够了，最大的花费，就是用你的收入，完成你的梦想，去放开你的翅膀大胆地做梦，去让生命经历不一样的旅程。

第九章

靠死工资发不了大财，搞点副业吧

1 工作中的先进者，总是财富中的落伍者

职场上，总有一部分先富起来的人，但他们大多不是工作中的先进者。率先购买私家车的，不是单位的先进工作者，他们在工作中的表现平平；率先住进别墅的人，也不是单位的先进工作者，他们在工作中的表现同样平平……

于是你纳闷：为什么我努力工作，生活却不如不努力工作的人？为什么我工资比他们多一些，却还是比他们穷？为什么我努力工作却买不起私家车？为什么我努力工作却买不起大房子？为什么我努力工作，生活还这般艰辛？

上述这些让努力工作的人不解的现象，比比皆是。

为什么？同样上班，同样领薪水过日子，也同样的工资水平，但为什么会有不同的财富。一些人，辛辛苦苦工作一辈子，到了退休时还是感觉钱不够用，还是处于"挣钱"的状态，还在为钱发愁。另外一些人，上班也不那么辛苦，生活却有滋有味，家里家外的经济开支应付自如，到了退休时过上了富有的生活。

同样是上班，为什么会冰火两重天？

为什么你是工作中的先进分子，却是财富中的落伍者？

因为你仅仅是努力工作，仅此而已。你做的是"以时间或劳力换钱"的事，却因为一心想着工作，没有进行"让钱生钱"的投资，所以富裕不起来。

没钱人说：必须努力工作才能赚钱！

有钱人说：让钱努力为我工作！

世界上第一个亿万富翁洛克菲勒说过，在这个世界上，依靠工作一步一步地赚到富翁的人很少很少，几乎是没有的。

李忠和王聪是一个事业单位的同事，1999年，两人同时参加工作。参加工作之初，李忠就立志要在单位里出人头地，于是全力以赴地工作。除了工作，还是工作；工作之外的事，他基本上不过问，以至于结婚也比别人晚。2005年，李忠终于达到了自己的目标：成功地当上了科长。当上科长后，他每月的工资增加了280元。

而王聪却不一样，他知道只努力工作会失去许多东西，其中包含对人生很重要的财富。因此，从一参加工作开始，王聪的脑子里就充满了赚钱意识，他整天"想三想四"找赚钱的门道。例如，在刚毕业的1999年底，他就将3000元的年终奖，和几个人凑足5万元，作为一个小股份，投资一个小工厂，当年拿到的分红就有2200元，相当于他当时一个月的工资。王聪意识到这是一个很好的投资项目，于是又将每年的分红转成投资本金，加大对该厂的投资。

2003年，该厂被人高价收购后改建。此时，王聪拿到了投资本金和收益共8.6万元。2003年末，王聪嗅到了房产投资的巨大投资机会。在同事们还全心全意地陷入做好年终工作、忙于编制年终报表的时候，他利用两个周末时间，考察了两处楼盘，用投资工厂赚来的8.6万元，再凑足9万元，订购了3套商品房。结果，这两处楼盘竣工后销售形势极好。王聪转让了两套商品房的预售号码，就取得5万元的收益；另外一套商品房，自己买下，到2006年8月份出售，又赚了30万元。他又花了10多万买了个红色的私家车，有时候下班后跑跑营运，有时候租给婚庆公司使用，人家的车可能是消费品，而他的车子不仅是个人消费品，还是赚钱的机器。目前，他已经是住着别墅、开着豪车了，从不为钱发愁。

但当了科长的李忠，此时还挤着公交车，过着仅靠工资收入的精打细算的生活；而且更糟的是，他原本想通过晋升来获取更多的工资收入的希望越来越渺茫了。因为工作到一定年限，由于年龄等问题事业发展会遭遇瓶颈；在新的潮流趋势下，自己的竞争力已下降，职场的生命周期不断地接近尾声。李忠真正开始感觉到为钱工作的危机，也深深地体验了一句话：没有一本万利的职业。

因此，仅专注工作，而不思考其他赚钱的门道，会失去很多的致富机会，从而使自己陷入困境。从事还是不从事"第二职业"，是最终拉开上班族贫富差距的主要原因。上班拿薪水的同时，要学会其他的投资，那么，生活将会更美好，别人有的你也有。别人没有的，你还有。韩国的年轻一代就是在工作之余进行科学的投资，他们中的许多人已经进入韩国最富有的人群。

作为上班族，在当前"第二职业"、投资理财十分盛行的时代，在经济对人的生活质量影响越来越大的时代，在评价一个人成功标准多元化的时代，在赚钱能力成为衡量一个人能力的重要依据的时代，不能再抱着"工作努力→职务晋升→生活富裕"的老观念。

如果，你还抱着这样的旧观念，那么你离财富会随着时间的推移越来越远，自己会逐渐在财富生活中被边缘化。因为，作为一般的上班族，在所有能为我们带来收益的投资方式中，公司或单位所支付给你的薪水是增幅最少的。

洛克菲勒曾说过："只知道努力工作的人，失去了赚钱的时间。"

所以，上班族要抛弃"为钱工作"、"以时间换钱"的陈旧观念，重新审视和组合工作与财富两者的关系；在工作赚取薪水的同时，千万别忘记了利用业余时间想点其他致富门道。

2 一个工作有点不靠谱，兼职让你游刃有余

这年月，要想收入有保障，经济自由些，对于普通劳动者，一份工作是远远不够的。

假如是在上个世纪七八十年代，一个家庭只需要一个人工作就足以维持生活。因为当时消费水平低，物价也低。但是现在，如果没有两个以上的收入来源，很少有家庭还能生活得非常安逸。而在不远的将来，即使有两个收入来源可能也不足以维持生活了。

从当前的现实生活来看，拥有一份八小时工作之外的工作不仅是提高生活品质的需要，也是一种经济收入的保障。在当前就业稳定性降低的大环境中，我们的收入可能不是很固定。美国一些专业研究机构提出，21世纪，社会越来越趋向无固定化职业状态，在美国普遍存在的个人破产将会被"移植"到中国。也就是说，今天不管你是员工，还是老板，如果你还自认为你现在的工作或者事业是可以终生不变的，那将是非常危险的和不现实的一种想法。

作为上班族，如果明天你停止了上班，就会失去原先的那份收入。所以，在正职收入变得越来越不可靠，你需要为自己准备好一个"备胎"——一份兼职收入。这就好比我们开车时，都会准备一个换用的轮胎，当汽车轮胎爆了的时候，我们会非常庆幸车上有一个备胎，安上以后，马上又能继续往前走。我们的经济生活或说经济收入也是一样，需要有一个"备胎"，来抵御我们可能面对的在职收入风险。

所以，无论从哪个角度，身在职场的您，拥有一份工作是远远不够的，应该尽可能地想办法提升自己的能力，自己尽量拥有多种收入来源。

晓颖是一家广告公司的文案，因为很多广告创意和设计都是在家里做，所以工作相对自由一些。空余时间多了，和朋友们的聚会自然也就增加。有一次，一位在报社做编辑的朋友看她闲得难受，便和她商量能否给报社写一些情感方面的稿子。

这件事对于中文系科班出身的她来说自然不在话下，根据一位闺中密友的婚姻经历，她很快写出了一篇情感倾诉的稿件，刊登后报社给她寄来了200元的稿费。虽说这点钱不是很多，但这毕竟是她工作之外赚取的"第一桶金"，同时对她来说，这篇三千字的稿子只用了一天的功夫，除了获得稿酬，还可以体验文章发表的成就感，比写枯燥的广告文案好多了。从此她一发不可收拾，主动和这位编辑朋友联系，每周固定给她写一篇，这样一个月下来会有800元的"外快"。

这样写了几个月，她渐渐不满足在本地报纸上发表了，因为她看到一些知名杂志上刊登的情感文章和自己写的差不了多少，于是她跑到图书批发市场，抱回一大摞各种有情感栏目的杂志，一本本地琢磨风格，然后有针对性为不同杂志投稿。为了提高上稿率，她试着写不同类型的稿件，有倾诉，有爱情感悟，有婚姻故事，渐渐掌握了不同稿件的写作风格和窍门，投出的稿件几乎百发百中，都陆续发表。就这样，她业余时间写稿的收入很快由每月的800元，上升到了2000元。

时间长了，她认识了一帮喜欢写作的笔友和编辑，在一个笔友的指点下，她还写起了爱情婚姻的纪实稿，通过采访，对材料进行加工以及修改润色。她的第一篇纪实文章终于成功在一家知名杂志发表，并被评为该杂志当月好稿，最后收到稿费时把她吓了一跳，一篇不足3000字的稿子，稿费2000元！从此，在完成工作任务的同时，她的精力全用到了写纪实稿上，她的稿费收入自然也是直线上升。

富有的人很早就知道这个概念。如果收入的来源足够多，那么就算其中一个收入来源出了问题，也会有其他的来源来维持原有的生活水平，不会立即使自己陷入生活困境。

对于年轻的上班一族，赚钱确实不是件容易的事，由于上班一族创业有其自身的特点，要想额外创收更是困难。所以，对于大多数刚踏上社会、一无资金二无人脉的年轻人来说，对于不想冒任何风险，而又想尝一尝创业滋味的上班族来说，不妨像晓颖这样尝试一下兼职。

　　不过，兼职不能乱兼，我在这里得善意地提醒各位，上班族在选择兼职的时候，一定要注意与自己的特长和未来发展的方向相结合。应该树立明确的兼职目标，是为了更多地积累工作经验，以提高自己的竞争力，换一份更理想的工作？还是为了缩短从打工者到老板的距离？而如果只是为了兼职而兼职，为赚得更多的钱而压榨自己的时间与精力，为眼前的一点蝇头小利斤斤计较，而忘记了对自己能力的锻炼和资源的积累，这就有点得不偿失了。

　　去做兼职，固然要眼光准确，目标远大，但也不能好高骛远，一定要量力而行。

　　据调查，律师、高校教师、媒体从业人员、会计师等工作时间弹性大，是兼职比例较高的行业，而如果你是医生、软件工程师、动画制作员、教师，或是画家、钢琴家等，那么就更加具备得天独厚的兼职优势。为了表现自我、积累资金也罢，或为了今后的真正创业进行热身也罢，如若在工作之外能够从容兼职，实在是再好不过的一件事。

3 老婆可须有一个，兼职不可以只有一个

　　28岁的吴先生在一家电脑公司上班，每个月的固定收入不到3000元，可是当我走进吴先生的家时，发现这是一个非常富有的家。Loft的大房子住着，奥迪A6开着，日子过得有滋有味。我开玩笑问他是不是有"灰色收入"，没想到吴先生竟非常自豪地点点头，他说，老婆可以只有一个，但工作不能只有一个，我有很多份工作。

　　原来吴先生之所以如此富庶，是因为他身兼数职。他的第一份"灰色收入"来自于他的业余爱好——服装设计。读中学的时候，他一有空就往堂姐的服装设计室里钻，大学虽然阴差阳错地学了计算机专业，这种爱好却一直"业

余"下去了。谈恋爱后，女朋友喜欢逛街，在陪女朋友出入各大商场、各间服装店时，他总是喜欢观察那些服装的样式、风格，而且随身还带着一个小本本，看到好的设计就顺手画下来。看得多了，逐渐就有了自己的想法。同时吴先生还利用出差的机会四处收集各个地方、各个季节、各种人群的着装风格，再根据自己的心得，设计出新的式样。

慢慢地，他自己设计的服装图样集成了一个厚厚的册子，吴先生说当初也没想过要拿出去赚钱，是女友提醒了他。女友告诉他，这么好看的设计，怎么不让服装厂生产出来呢？于是他们抱着试一试的想法，找到一家比较出名的服装加工厂，没想到对方看了他的设计相当满意，一下就拍板买下了他的两项设计，2万元就"轻松"到手了，更没想到的是，厂家按照这种设计先行生产了100套服装，上市以后很快就销售一空，厂家尝到了甜头，和他签了长期合同。从此，他业余时间又可以陪女友逛街散心，又可以轻松赚钱。真可谓一石二鸟！

这份收入让吴先生手头有了闲钱，但他不敢乱花，他开始琢磨起投资理财的问题。就很关注一些理财论坛，去学习别人是如何理财的，当时进入一个理财论坛，参加征文活动，得了第一名，奖品是一部NOKIA的手机，价值2000元。当时他正需要换手机，所以急切期盼能拿第一，结果真的如愿以偿。后来就慢慢地泡在上面，也喜欢发一些帖子，最后成为了论坛的版主。通过论坛他收获了不少：有实物奖励，认识了许多志同道合的朋友，还锻炼了自己的交际能力。平时公司不太忙，下班后及周末有空闲时间，他就上论坛学习，尽到版主义务。

看到自家先生把兼职做得如火如荼的，吴先生的老婆也蠢蠢欲动，她向丈夫学习，从自己的爱好和特长出发，当起了英语资料翻译，还开起了网店卖化妆品。这两口子，日子过得好得不得了啊。

开源节流是积聚财富的灵丹妙药，假如你讲究生活品位不喜欢节流，那就要广开源路，根据自己的能力和精力，多兼几分职是上好的选择。

职场中，专注于某一领域的忠诚员工，无疑是优秀的员工。但也有些上班族，他们身兼数职，把日子过得甜甜美美，这些能量超群、角色多样的上班族正在颠覆着我们对职业定位的想法。那么上班族如何才能成为身兼数职的达人呢？

上班族只有不断地学习，掌握更多的知识和技能，才能游刃有余地做更多的兼职。人不是一生下来就拥有一切的，而是靠从学习中得到的一切来造就自己。对我们每个人来说，知识和技能是我们唯一不会被人剥夺的宝贵财富。

具有丰富知识经验的上班族，比只有一种知识和经验的人更容易产生新的联想和独到的见解。宽广的知识面对你的工作有极大的促进作用，不仅在工作时更加得心应手，还可以增强你的个人魅力，让你与人交往时游刃有余，那你就多了许多身兼数职的资本。丰富你的知识，让你成为一个优秀的人。所有与你接触的人会因为你得体的谈吐和敏捷的思想而对你产生良好的印象。在这种情况下，你成功的机会要大得多。不停地学习才能不断地进步。如果看到一个优秀的人，就要挖掘他优秀的品质，移植到你自己身上。多学习别人的成功经验和优秀品质，会减少你走弯路。

任何一位成功者，必然会在某一方面有过人之处。只要你能将他的技艺或经验分毫不差地学会并应用自如，同样也能够做出和他相似的成就。向成功的人学习他们成功的方法，因为这些方法是经过实践检验的、行得通的、可操作的。同时，你在学习他们的过程中，必然要直接或间接地与他们接触，可以从他们身上汲取正能量，从而使自己积极上进。

各行各业都有可以学习的对象，你要以开放和请教的态度向这些人学习。你要想成为身兼数职的达人，不妨向那些已经身兼数职而且比较成功的人学习，这样你会少走弯路，更快地成功。

作为一名身兼数职的工作者，你必须注意保持自己身体的健康。如果自己身体不佳，就很容易影响你兼职目标的实现。为了实现明确目标，必须要有一个健康的体魄。因为没有足够的体力和耐力，你很可能会中途放弃自己的明确目标。没有健康的体魄，你很可能抓不住那稍纵即逝的机遇，成功的概率也会大为降低。

4 谋划些"不在职收入"，不上班也可随心所欲

首先我们来区分一下什么是在职收入和不在职收入。

在职收入，在形式上是一种以时间换金钱的收入方式，也就是说你必须要不断地工作、不断地付出，才能获得的经济回报；一旦你的工作和付出停止了，回报也就终止。工薪族就是最典型的在职收入人群，工作一月就有一月的收入，不工作就没有钱。

不在职收入，是指一种财务状况，就是你不用工作也有收入。例如，你从事个人创业。在创业初期，你需要付出努力，但当事业发展到一定的阶段以后，它已经正常运行了。这个时候，即使你不去管它或是委托其他人管理它时，你仍然还会有收入，还会继续获得稳定的经济回报。这时，你就拥有了一份不在职收入。

我们平时会经常听到"财富自由"这个词，它最基本的意思就是在你拥有金钱的同时，还拥有时间。"财富自由"表现在消费能力上，就是你有钱买你想买的东西，而不必在乎价格的昂贵与否；也就是说，当你的消费完全是按照喜好和需求，再也不用看标签上的价格，那就叫财富自由。否则，就是财富不自由。

获得财富自由的核心，就是要拥有一份足够多的不在职收入。

有一份不在职收入，就等于多一个人在给你赚钱。这一点对于改善你的经济生活质量很重要。

曾先生是一家企业的中层管理者，月收入3000元左右。在孩子出生前，家庭的收支还算平衡，但自从孩子出生后，家庭开支突然加大，开始收不抵支。他本想再去兼职做一份工作，但由于孩子很小，家务和照看孩子导致没有时间搞兼职，于是他想他需要一份不在职收入。

为此，他分析了自己的情况，得出"只能获得一份利息差价收入"的结论。于是，他以自己的房产抵押向银行申请了30万元的贷款。为了分散风险，

他将30万元贷款，分成两份，各15万元，分别投资到两家自己熟悉的小企业，每月固定分红。如此，两家企业的分红收入扣除银行的贷款利息后，还有3500元的节余。这就等于还有一个"曾先生"在替自己赚钱。

自从有了这份不在职收入后，曾先生的经济生活开始宽松起来，不再那么拮据了。他获得这份不在职收入已经三年了，现在回忆起来，他深有感触："有一份不在职收入，太重要了！还好三年前做出了借款投资企业的决定，不然这三年都不知道要怎么过来。"

因为不在职收入不需要你付出时间就能给自己赚钱，而且它会持续不断地给你赚钱，所以，不在职收入很重要，拥有它就拥有了财富。

总之，从今天开始，就要积极努力为自己谋份不在职收入，给自己的经济生活上个"保险"。

拥有一份不在职收入很重要，但并不是说你想拥有一份不在职收入，你就会拥有它。不在职收入，需要谋划，还需要一定的时间来打造。有时谋划一份不在职收入可能需要几年，所以谋划不在职收入要趁早。

常见的不在职收入形式有哪些

从当前来看，最常见的不在职收入有五种：

第一种：退休工资；

第二种：利息收入；

第三种：投资理财；

第四种：版税收入；

第五种：所有权收入。例如，属于你的企业，你可以不工作但照样每年拿分红。房产出租也是一种所有权形式的不在职收入。

下面来看两个案例，体会下他们是怎么为自己谋福利的。

案例1：

小郭是一家民营企业的会计，他性格内向，不善交际，但读书考试很在行。于是，2004年大学毕业时，他就根据自己的性格特点，决定用3年时间打造两份不在职收入。一是考取注册会计师，挂靠在会计师事务所，给会计师事务所充注册会计师的数量，每月拿一定金额的报酬；二是考取房地产评估师，挂靠在房地产公司，获得一定的报酬。

为了实现这个目标，他将大部分精力都放在读书考试上，几乎是两耳不闻窗外事。功夫不负有心人，他提前一年实现了自己的目标，获得了注册会计师和房地产评估师两项从业资格，并挂靠在会计师事务所和房地产公司，每月合计收取约1500元的不在职收入。

案例2：

静娴是一个大专生，毕业后在一个中型企业上班，虽然经过自己的努力，第三年就进入了企业的中层管理行列，但收入还只是4000元左右。在大城市生活，各项开支都很高，每月省吃俭用，最多节余2000元。

穷则思变，静娴看好店铺的租金收入，很早就想购买一个商铺，以收取租金的方式获得一份不在职收入。但购买一个商铺，要交30%的首付款。静娴连首付款都交不起。但购买商铺，将租金作为不在职收入的目标已定，她决定努力实现。她开始为目标奋斗，变得更加节俭，想尽早攒足商铺的首付款。但由于房价一路走高，静娴发现所积累的资金远远赶不上房价上涨的速度。于是，她决定与朋友一起购买一个商铺。

为了提高租金，她将层高6米的店铺隔成上下两层，合理安放楼梯后分别出租，每月合计收取1.5万元的租金，扣除月供后，她与朋友每月分别获得500元的租金收入。

如何谋划不在职收入

那么，如何谋划一份不在职收入？

首先，不在职收入是个性化的。

谋划不在职收入不能盲目效仿，不能因为你看见某人有某种不在职收入，你也盲目地谋划与他相同的不在职收入。你的不在职收入，绝对是属于"你自己的"，你不能看别人做什么你就做什么，别人有的条件你不一定有，你有的条件别人也不一定有。所以，你要根据自己的条件，量身选择一份属于你自己的不在职收入。

其次，有些不在职收入需要视实际情况调整。

当不在职收入存在的环境发生变化时，你也要跟着变化。例如，小齐前几年投资一些资金到某一氧化铝小工厂获取固定分红，但从2009年起，国家政策对高耗能、高污染的项目不支持，开始打压了，小型的氧化铝冶炼厂也在淘汰范围之列。所以，聪明的小齐于2009年及早抽出资金，结束这份不在职收入，避开了本金损失的风险。

最后，谋划不在职收入需要克服困难，坚持不懈。

在谋划过程中可能会碰到许多困难，此时你需要有足够的毅力坚持下来，最终实现你的不在职收入。

5 八小时外，利用公司资源做自己的生意

很多时候，小心眼的你会对老板心存芥蒂，觉得他利用你的聪明智慧赚了那么多钱，每月却发你很少的薪水。可是你有没有想过反过来利用他一把呢？

我不是教你坏，不是教你诈，不是教你背叛老板，而是教你聪明。

8小时外，和客户做"副业"

楚小姐从大学毕业在一家国有企业做文员已经三年了，工作内容始终没什么变化。平时虽然空闲，但光是打打文件，整理资料，归档什么的，在旁人看来也是枯燥乏味的。可是，楚小姐却从未跳过槽，是什么原因让她在这家公司

做了那么久，是因为待遇特别的丰厚？还是其他的原因呢？

原来，她看中的是国有企业的稳定，而且，这份不算太忙的文员工作让她有了足够充分的时间来做自己的副业——花店。

楚小姐最初开花店的想法就是看到公司对鲜花的需求特别大：会客厅、会议厅、厕所等公共场合每日必换，中层以上领导办公桌上人人有份；鲜花也是公司给一千多员工必送的生日礼物，再加上各种节日活动和周年庆典，楚小姐每天都忙着买花。每次和送花的结账，都是一笔很大的支出。楚小姐看到了其中的利润，她想：反正公司买谁的都是买，干吗不买我的呢？于是她就成立了自己的花店，让表妹帮忙看着，自己仍在公司上班。

如今，楚小姐不仅和自己所在的公司做成了生意，她还巧妙地利用了公司的客户呢，有些客户接待久了，打交道的时间长了，她也熟悉了，她会找时机把自己的花店介绍给客户朋友，这些客户不仅是公司的客户，也是她花店的老主顾。

一年前，楚小姐在自己的公司也曾经有一次升职的机会。但是，一旦升职后她就面临着繁重的工作压力，可能无暇顾及花店。当时，举棋不定的她也不清楚自己究竟该如何取舍。经过反复比较，她最后选择了依然留在原来的岗位，并且继续做好自己的花店。原因很简单，因为这样赚钱更多啊。

楚小姐是个很聪明的白领，她懂得把握时机、充分利用在工作中积累的资源和建立的人脉关系，在工作之外做自己的副业，为自己谋福利，这是白领的一个特点，也是白领的一个优势。但是，需要提醒你的是，要注意不能将个人生意与单位工作搞混淆，将工作秩序搞颠倒，副业不能耽误正职；另外就是自己从事的生意千万别和公司里的业务有冲突，甚至只要是有利可图的生意就归自己，而无利可图或者亏本的生意就归单位。这样做不仅要冒道德上的风险，而且很有可能会受到法律的制裁。

一旦时机成熟，就把"副业"转正

如果你再聪明一点，胆子再大一点，你完全可以把"副业"扶正，实现打工和创业的无缝连接。在厦门，28岁的彭小姐就是通过这种方式赚了大钱，买了海景房，过上了"面朝大海春暖花开"的好日子。

彭小姐是厦门某旅行社的导游。她高中毕业后没考上大学，在泉州一家旅游学校上了两年职高就出来打工了。熟知这个行业的人都知道，导游行业也有不少潜规则，每次带团出去，进店购物啊，吃饭住宿啊，这些项目都有很诱人的利润点。彭小姐带团消费的返点收入要远远超过她的工资收入。这样的差异让彭小姐很高兴。尽管如此，凭这点收入想在厦门买房子依然是做梦。

这几年，随着旅游行业的升温，彭小姐认定在这个行业她可以有所作为，她给自己下达了25岁之前一定买房的任务。如何才能赚到大钱呢？彭小姐想了个好办法，她把在老家开小饭馆的姑姑请到厦门来，在台湾民俗村门口开了个特色小吃店。因为台湾民俗村是外地来厦门旅游的客人必去的地方，所以每次带团过去，几乎不用招呼，客人们都会一哄而上品尝当地美食。再加上彭小姐的一张巧嘴，每次带团过去，一天赚的钱比她一个月的底薪都要多！这样的收成让她心花怒放，激发了她进一步的想象力。

慢慢地，她除了小吃店之外，又和单位的一位部门主管合伙开了个大饭店。因为有旅行社的客源，他们的饭店从来不愁没有生意。一年四季都是旺季。

有了吃，还得有住啊，后来，她自己又涉足住宿这一块，开了个小旅馆，一开始她只有11间房间。随着生意越来越好，资金实力也有了，她投资了一个四星级的大酒店，集餐饮住宿为一体。

现在的她，已经是这家星级酒店的董事长了，导游的身份三年前就卸掉了。尽管不在旅行社工作，但有那个合伙人"垫背"，她的客源还是很有保障的。

全中国举着小旗带客人游山玩水的导游那么多，有几个能像彭小姐这样快速成长？她简直太神勇了。"良禽择木而栖"，聪明的人总是能够自动找到财路，像彭小姐这样，充分利用在工作中积累的资源和建立的人脉关系进行创业，可以大大减少创业风险。因为相当于原来工作的延续，无缝衔接。不过，为了保险起见，在把"副业"扶正之前，有些准备性工作你要做足，以免把自己闪在空里。你要问自己以下几个问题：

第一，一定要辞职吗？

单干，毕竟还是有风险的，在正职不影响副业开展的情况下，能不辞职就不辞职。等一切准备就绪铺垫好了以后，再辞职最好。

第二，我适合创业吗？

不是所有人都适合当老板，显然，那些处事果断、富有主见、个性倾向于力量型的人比那些优柔寡断、胆小怕事、过于感性的人更适合创业，所以在辞职前，对自己性格的了解和分析也很重要。

第三，我有计划吗？

无论你是替人打工，或是自己开公司当老板，都一定要给自己制订一个很完整的计划，配合时间、资金、个人能力。这样，不管是搞个副业，还是自己创业，都是必需的条件。如果情况允许的话，建议到专业机构做一些相关的测评，包括对个人性格和创业能力的测试，以及咨询创业项目的可行性等，这样都会做到心中有数，有的放矢。无论求业也好，创业也好，都不是盲目跟从，人云亦云，一定要充分地了解自己、了解市场、了解社会，才能在这个竞争激烈的社会中闯出一番属于自己的天地。

6 摆地摊儿，又何妨

一说摆地摊儿，很多人都以为就是一个在公司混不下去，为了生计不得不屈尊的人做的小生意，他们连个体户都算不上。其实我不太认同。很多成功人士都是从摆地摊起家的，巴菲特曾经在幼年时就在家门口卖现煮的咖啡，马云在阿里巴巴的创业前期曾多次到义乌、广州进些鲜花、玩具摆地摊来卖，以帮助海博翻译社可以正常运营，而且实际的情况是海博翻译社就是靠摆地摊来撑下去的。名人的事迹不想再多说，我想和大家分享一个草根儿的成功练摊儿故事。

500块钱创业，能干什么？你肯定以为啥都干不了。可是来自内蒙古的孙女士用这区区500块钱练摊儿，一年练出了30万！这绝对是真人真事。因为她是我的朋友，她就住在北京，或许，她就在你身边。

孙姐是个性格豪爽的人，7年前她就开始在北京动物园做服装批发生意，这些年风风雨雨，她赚过大的，也赔过大的。前年的时候，因为她所在的天乐宫服装市场拆迁，她进的货又失手，那一次赔了个血本无归。

在这个物价暴涨的年代，重新去别的市场租摊位根本租不起，孙姐只好用仅剩的钱在郊区租了个库房，把存货放进去，开始琢磨别的生计。

望着那堆存货，为了生存，她一天也不能歇息，在没有想好之前，只好练摊了。

恰逢冬天，她就从卖帽子开始。孙姐从一家人的生活费里抽出500元，进了一批帽子。她在家乐福门口卖，儿子在天桥上卖。娘儿俩各守一个摊儿。

孙姐摆摊儿本来是权宜之计，谁知道不摆不知道，一摆吓一跳，连续摆了一个星期下来，娘儿俩一核算，摆地摊可比干实体店卖得好多了。没有昂贵的档口租金，每天都能卖个五六百！

坚持到了"五一"，靠着这原以为不靠谱的摆地摊，孙姐竟然纯收入四万多元！现在手头稍微宽裕了点儿，夏天马上到了，孙姐于是就做了一个大胆的决定，直接杀到义乌去进货，卖丝袜。

孙姐怀揣着半年来挣的几万元风尘仆仆地到了义乌，她知道做袜子做的最大的厂家就是浪莎了。因为有经验，她直接就去了浪莎厂里，但是浪莎的袜子都是高端货不适合地摊卖，正当孙姐苦恼的时候她发现浪莎每年都有很多的库存货，而这些库存货都会便宜地处理，她就和厂家谈了起来，结果人家愿意1元钱一双处理给她，但是条件是必须拿5万双以上。孙姐把带来的钱全赌上了。拿回来以后便开始打着浪莎厂家的招牌卖袜子，大家都知道浪莎在超市最便宜的袜子也是十块钱左右，可是在地摊上居然会遇到10元5双的浪莎货，大家都恨不得抢疯了。孙姐的生意十分火爆。她开始扩大经营了，早上在农贸市场卖，晚上在超市门口卖，也开始参加一些交易会，交易会的租金每天是两百多，可是孙姐每天的营业额都是两三千，平时在农贸市场的营业额每天最少也是五六百。

前几天她约我吃饭，两年前差点倾家荡产的娘儿俩，一转眼已经在南二环买了房！这赚钱速度也太猛了吧！

摆地摊儿，照样能发家，我一点没有骗你吧？不过，摆地摊看似简单，实际上也是一门生意，除了要放下面子之外，里面还隐藏着许多技巧。掌握这些技巧能成地摊皇帝，不懂技巧可能沦为地摊奴隶。

选择好的切入点

找一个好的有市场的产品，不要做得太杂，不要像卖百货的一样，你只要卖好一样就可以了。记住你是摆地摊！不是批发商。初学者，可以选择市场有少部分人卖，但是你觉得有市场潜力的东西，但又不要跟风，市场上已经有了很多的产品不要卖，因为已经饱和了，你不可能获得太多的回头客。还有，因为你是兼职摆地摊的，所以不要选择容易积压腐烂变质的货物（食品水果）；晚上要睡觉，白天要工作，所以也不要选择夜宵食品（夜宵食品必须晚上才能有销路）。

选择廉价实用质量较好的用品

毕竟是小摊生意，不要指望你的盈利会达到200%以上，一般单价都在100元以下，地摊生意讲究的就是薄利多销，你的商品不要和商场的比，但是你的商品质量不要低于商场，你可以不是品牌，没有关系。路人能选购你的商品就因为便宜实惠好看，但是路人可不喜欢买来的是劣质产品。

销售的技巧

地摊销售讲究的就是讨价还价的艺术，要有乐在其中的感觉，不要太势利，太过分，看你用什么方式吸引路过你的地摊的人和你讨价还价。其实路人也很喜欢和你讨价还价的，当他愿意和你讨价还价的时候你的商品基本上可以成交了。那么怎么赚钱呢？看路过的人的身份，有的看上去很朴素，你可以把价格喊低一点，如果你看见的路人看上去很果断（有派头），你可以喊高一点价格，这不是瞧不起人，而是一种赚钱的艺术。当然还要根据你卖出去的商品是针对什么人群的。如果是男的来买女士的东西，你可以喊高一点价格，老太太来买东西你一定要喊低一点价格。年轻人你可以喊高一点价格，并且多赞美几句，效果一定不错。

注意形象

摆地摊并不是像你过去记忆中的脏乱差，不要随便坐在地上，可以弄个小凳或者垫一点东西再坐；不要随便吐痰在地上，顾客看见了很可能马上走人；不要脱掉鞋子盘坐在地上，即使你的脚再干净，顾客看了也会觉得不舒服。

虽然摆地摊，但要是讲究技巧利润还是挺可观的，据说在周末，一些卖小饰品的摊位一天纯利有三四百。在市场经济中，能够通过正当的手段获得创收，就是压倒一切的真理。

7 做到"三个一"，30岁挣得百万年薪

两千多年前，孔老夫子有一段话，是这样说的："吾十有五而志于学，三十而立，四十而不惑，五十而知天命，六十而耳顺，七十而从心所欲，不逾矩。"就这样，"三十而立"，"而立"便三十了。通俗来讲就是30岁后就要有自己的思想体系了，有自己的威望了。如果再用世俗一点的标准，那就是收入的具体数字。30，100万。这两个关系不甚密切的数字，在此化身为一个衡量个人成就的标杆：30岁年入百万。

收入从来都只有两种：工资收入和非工资收入。如果你一不敢兼职，二不懂投资，一心一意跟老板混，还指望三十而立吗？

嗯，一定有的。这取决于你怎么看待自己的工作。

当年在修建埃菲尔铁塔的时候有一名记者在工地上采访了3个工人，记者问第一个工人：请问，您为什么要来参与修建埃菲尔铁塔呢？第一个工人满脸不快地说：为什么？不就是为了养家糊口呗！谁愿意干这些繁重的工作呀！记者又采访第二个工人，问了同样的问题。第二个工人回答说："我很喜欢这个工作，因为它可以让我学习到很多建筑设计方面的知识呀！"记者又采访第三个工人，又问了同样的问题。第三个工人回答说："这是一个举世瞩目的伟大建筑，我能参与建设感到非常自豪！"

10年过后这位记者又找到了这三位工人，发现第一位工人还是在一个工地上满腹牢骚地干着同样的体力活，第二个工人已经成为了一个知名的建筑设计师，而第三个工人却成为了一家建筑公司的董事长。更加讽刺的是这三个人还都在一个公司里面，一个是工人，一个是设计师，一个是董事长。

虽然只是一个大家都听过的故事，但其中的道理并不是人人都领悟的。大家的身份一样，起点一样，做事的内容也一样，关注点的不同决定了结果的不同。

你怎样看待自己正在做的事，它很可能决定了你将会成为什么样的人。

30岁挣得百万年薪，根本不是梦，只要你能掌握下面"三个一"，你还可以赚得更多。

一"心"才能值百万

有很多的人都有过这样的困惑，"我到底在为谁工作？我这样工作为的是什么？"对于这个问题，无论是打工还是创业，我从没有过多的犹豫和困惑，因为我的答案恒久不变——我在为自己工作。为什么我在为自己工作呢？因为确立了非常明确的目标和自己每一个阶段的规划，使自己时刻都有一种向前冲的意念，即使遇到艰难挫折也会努力前行，因为我知道，目标就在前方。

作为今天徘徊犹豫在职场中的人士，我认为最关键的问题就是为自己建立正确的方向和目标，明白自己究竟在为谁工作，工作的目的是什么。

一 "技"才能博百万

很多人都觉得职业的差异才是决定能否达到百万年薪的关键，但事实果真如此吗？从2012年薪酬最高的10大行业的分布表中可以发现，百万年薪的分布极其广泛，无论是批发零售、社会服务、金融保险，抑或是房地产业都可能成就百万年薪。而这些能够生产百万年薪的行当中，同样也存在大量的温饱从业者、业内最高薪酬和行业平均薪酬的从业者。真正能在行业中脱颖而出赢得百万年薪的，往往都拥有自己的独门绝技。

以律师行业为例，据业内人士透露，目前律师的收入并没有因学历有明显的区分，一些事务所的工薪律师只在底薪上有些许的不同。海归律师较之国内律师的收入可能会高出一两倍，甚至更多。律师的主营业务也影响律师的收入，涉外、房产、金融、证券行业的律师收入要远远高于从事劳动、民事类的律师。律师入行时间的长短、资历的深浅和律师的收入成正比，实习律师和资深律师收入因案源的多少而差别巨大。

许多有高学历的"海归"律师，因为有留洋背景，所以一般都瞄准国际金融组织贷款、项目贷款、融资租赁、外汇业务、海外上市等完全国际化运作的业务。这些业务的标的大都有数十亿元，按照1%至5%的业务提成，一笔业务就能挣个上千万元。最后按参与人头分下来，收入也十分可观。但是并不是所有律师都能接手这样的业务。一来需要从业者对相关领域有足够认知和了解；其次，对于海外并购案中的处理与解决，并非一般外语水平可以应付，留学的经历在此为高薪加持。

一“机”才能造百万

在拥有立足职场江湖的独门绝技之后，是否能够获得认可和青睐，从而牵到高薪的橄榄枝，机遇实为重要。

仅仅花费六年时间就从设计师晋升到总监的著名建筑设计师严涛万分感激机遇的垂青，在当下大学生毕业至少要干三年学徒才能出头的领域，正因为在他毕业的时候适逢房产热，专业人才紧缺，让他只用了现在年轻人一半的时间就做到现在的成绩。

除了善于在平凡中积蓄力量的坚韧，机会的寻找还需要超人一等的眼光。从信息经济学角度看，买和卖、供给与需求、资源市场与产品市场间的差价，实际上，是一种信息不对称，所有这些差价只要没被人发现都是机会。成功者对这个差价之所以很敏感、有洞察力，是因为跑得多、见得多、问得多，也就是在信息不对称中做到了相对的信息对称。

第十章

开公司吧，趁早种一棵摇钱树

1 你就是金山，别自己放弃"开采权"

如果你不能成为打工皇帝，每天只是过着当一天和尚撞一天钟，干一月活领一个月的工资的打工生活，那我告诉你，不要以为你在赚钱，实际上，你是在赔钱，因为完全依赖打工来维持生存并不是一件明智的事。

每个人都是一座金山（无形资产），只是你不敢认可。打工就是把这座金山交给老板挖掘、开发，而你只得到可怜的拆迁费用。这等于是把你的资产双手让给了老板。

我曾经问过我的一个朋友为什么不给别人打工？他的回答是："说句得罪点的话，出去打工简直就是愚蠢地浪费青春！"是的，人生最宝贵莫过于青春，那是人生的黄金时期。打工，把最美好的时候交给别人廉价使用，等到人老了，没多少使用价值了，你怎么安身立命？

这个问题很残酷，但你不得不考虑。

80年代的温州农民和四川农民都属于最早开始闯荡的人群，温州人闯江湖的理念是"宁肯睡地板，也要当老板"，温州农民闯荡中国的方式是修理雨伞、钢笔、铁锅，或者倒卖点日用百货，总之他们为了生计到处流浪。

四川农民闯江湖的理念是"只要有钱挣，跟谁咱都行"，四川人闯荡的方式是直接去打工。80年代敢于出来闯荡的人都是有勇气的人，因为那个时代信息不发达，交通相对比较闭塞，人们对外面的世界抱以深深的恐惧。

四川人和温州人都有勇气和魄力，但是由于思路不同，走上了不同的发财致富道路。

30多年过去了，这两拨勇敢的人，他们的今天分别是什么光景呢？事实上我们都能看得见：

温州人已经成为中国最富有的人群之一，他们掌握了中国最先进的经商技能，他们的睿智可以和犹太人相媲美，他们的财富可以让他们的后代走出国门，走向世界。

而四川人的第一代打工者已经退出了历史舞台，他们大多在四川老家继续贫寒的生活，而他们的子女循着父辈的足迹，继续一窝蜂地拥挤到沿海大城市务工。

这说明什么？由于父辈的选择不同，不仅影响自身，而且影响自己的后代！温州人的艰苦创业让他们自己和后代彻底摆脱了贫穷，而四川人继续着过去的命运。几年前，我认识一个温州的自考女孩，她住在我们学校后勤招待所的地下室里，她的理念就与众不同，最喜欢挂在嘴边的话就是："我现在睡地板，将来一定做老板"，"5年内我一定要开宝马。"当时很多人都看不起她，一个自考生，长相不出众，又没背景，凭什么买宝马？可是，她真的做到了。现在的她，已经开上Q7啦。

思路决定出路，又一次地得到验证！

打工人生与创业人生一定是不一样的，再一次得到证明！

浙江人中出了一个经济学家，很了不起，他总结了浙江人的工作哲学："宁做创业狼，不做打工狗"。当然这话说得很极端，很多打工的朋友都很反感，但是我们仔细想想，这位老兄的话还真有点道理呢。

狼为了寻求自由，宁愿独立人格，自由思想，天天奔跑在大草原上，肆意地捕猎兔子和羊等猎物，尽可能地享受大自然提供的一切美味，吃饱后就躺在草地上，什么都不想，享受阳光和自由的空气，他们是草原的主宰，他们有的是尊严。

不过当严寒来临时，他们必须学会抗拒暴风雪的寒冷，学会在厚厚的雪堆下面寻找猎物，时常忍受饥饿的痛苦。

狗（这里指普通人家养的看门守院的狗，不包括富人家的宠物狗）的生活恰恰相反，狗只能吃主人剩下的残羹冷炙，被主人吆喝着到处忙活，没有自由，没有尊严，只有摇尾乞怜，狗的生活是有保证的，虽然从来吃不到什么美味，但是冬天到来时也不担心挨饿受冻，有主人的庇护，狗们感恩戴德，发誓下一辈子为主人效忠，即便主人肆意地打骂狗们，狗们也多半不敢吭一声，因为听话和温顺是狗们的标志。

委曲求全是狗的标签，为了稳定的生活，为了自己老时有一份固定的口粮，一切都认了，一切都忍了。

如果把现实生活中的人们进行比较，估计我们大多都是过着"安稳狗"的生活，稳定安逸，但是不自由，想离开主人家的狗窝，但是缺乏破釜沉舟的勇气！

如果你不想害了自己，也影响了后代，总要当一次狼，到商场上去拼一把，江湖上走一遭，即使你失败了，没有成为成功的典范，也有失败的教训，这些教训，也将是你激励子孙后代最好的礼物。

2 想射雕，就别怕断箭

据我所知，很多年轻人都有大干一场的念头，但迟迟没有行动。

有个年轻人，走路干活都显得懒洋洋的。他受过很好的教育，有很高的学历。有一次我问他："你为什么一天到晚老是一副无精打采的样子呢？"他说："我受那么多的教育可不是为了最后给别人打工的。我得自己干，自己当老板。"听到这里，我还真当他是个有志青年呢，很为他高兴，我赶紧催他："这很好呀。那你为什么不从现在就开始自己干呢？"

他说："大姐，你以为公司这么好开啊？我没有启动资金。"

"那么你这样就会有启动资金了吗？"

"我在等待。"

"你在等待什么？"

"等待我的启动资金。"

接着他就告诉我，他有一个姑妈，非常有钱，"我姑妈没有儿子，迟早她的资产是我的，等她开口了，那样我就可以开始了。只要拿到启动事业的资金。我一定会干好的。"

他怎么会有这样的想法？我真是不敢相信！别说他这样是否真的能够拿到事业的启动资金，就算是拿到了，我也不相信他能够干好。一个害怕困难，总是指望着天上掉馅饼的家伙如何能开创一番事业？这样的心态是可怕的，也不可能获得成功。

这位年轻人所指望的那些老人，比如他的那位姑妈，是如何获得成功的？据我所知，在我们国家富裕的老人中十个有九个是穷孩子出身，白手起家。他们依靠的是自己坚定的意志、决心、努力、执著、节俭，以及其他良好的习惯，才获得成功的。

阻碍一个人开始行动的原因，除了上面这个年轻人嘴里的"等钱"，还有很多，其实一切的一切都不碍事，都可以想法解决的。我大致总结了一下：

我怕穷——错：贫穷就是个魔鬼，你越怕它，它越缠着你不放。财富就是高空的大雕，你若想当射雕英雄，只管开弓就是了。如果你总担心射不到大雕，还白搭上一只箭，把手中仅有的"食物"丢了，以后没得吃。左右徘徊的结果是错过机会，失去目标，穷一辈子。

对于一名创业者而言，首先要迈出这道坎——不能因担心失败而止步不前。

我没有钱——错：不是没有钱，而是没有赚钱的脑壳。工作几年了没有钱么？有。但是花掉了。花在没有投资回报的事情上面。花在吃喝玩乐上，或存放贬值了，没有实现价值最大化，所以钱就这样入不敷出。每月当月光族，周而复始，没有远虑，当一天僧人敲一天钟，得过且过。

我没有能力——错：不给自己机会去锻炼，又有谁一出生就有能力？一毕业就是社会精英？一创业就马上成功？当别人很努力地学习、很努力地积累、努力找方法，而你每天就只做了很少一点就觉乏味。学了一些就觉得没意思、看了几页书就不想看、跟自己也跟别人说学不会。然后大半辈子过去一事无成，整天抱怨上天不给机会。能力是努力修来的、不努力想有能力，天才都会成蠢才。只要努力，再笨的人也可能成精英。

我没有时间——错：时间很多，但浪费的也很多！别人很充实，你在看电视；别人在努力学习时，你在玩游戏消遣虚度。总之时间就是觉得很多余、你过得越来越无聊。别人赚钱了羡慕别人、但不去学别人好好掌握、把握时间创造价值，整天无所事事。

我没有爱好——错：爱好是什么？吃喝玩乐谁都有爱好，没有成绩哪来的尽兴！没钱拿什么享受生活！你的爱好是什么？是出去旅游回来做月光族、出去K歌转头钱包空空、出去大量购物回来惨兮兮……打工有没有爱好？挤公交车有没有爱好？上班签到下班打卡有没有爱好？家里急需要一大笔钱拿不出来有没有爱好？借了钱没钱还有没有爱好……不是没有爱好，是你不敢爱好。

我考虑考虑——错：考虑做吧有可能就成了，不做吧，好不甘心！一想整天上班也没个头，还是明日开始做吧！又一想还是算了，这钱挣得也不容易！不不，就是打工挣钱也不容易，决定了不能放弃机会！哎呀、天都黑了，明日再说吧！然后第二天又因为以上几点、因为左思右想，最终不能决定。犹犹豫豫，耽误了很多时间，还是一无所获。

以上那些统统都是借口，真实的原因是你没有勇气，你天生胆小怕事不敢另辟蹊径！因为你没有勇往直前，没有超越自我的精神！虽然你曾想过改变你的生活、改变你穷困的命运，但是你没有做，因为你不敢做！你害怕输。到最后连想你都不敢想了。你就只能是，永远是一个打工仔！

3 放弃对风投公司的迷恋

要想创业，有第一笔启动资金是非常重要的。但是，当你除了一份商业计划书之外一无所有时，想要说动他人为你的事业投资，这是非常有难度的一件事情。

在解决难题的时候，尽自己所能去做，再相信天助。你自己不努力，一心把解决难题的希望寄托在他人或者风险投资公司身上，像你这样不自助的人，天也不会助你。

那么，究竟应该如何去做呢？

不要把希望全部寄托在风险投资公司身上

或许你看过许多成功的创业故事，知道风险投资是怎么一回事，因而也梦想着在你艰难的创业初期，能有乐善好施的风险投资者来助你一臂之力——且慢，在你想入非非之前，我必须指出这样几个事实：

第一，你所读到的故事，那些让风险投资慷慨解囊的案例，多数都发生在国外，主要是美国——可是我们都身在中国。即使是国内的案例，许多也是有海外背景的"海龟"们的杰作。由于目前国内活跃的风险投资主要来源于海外，因此具备海外背景的海归就更容易获得青睐。

第二，与一般的说法不同，国内的风险投资行业远说不上发达，许多挂着风险投资旗号的机构，实际上主营业务是股票投资之类。即使是真正在做风险投资的机构，通常也很少愿意介入种子期的项目，而是主要投资于成长期的企业。

第三，当你读到那些幸运儿成功获得风险投资的故事的同时，你必须知道这样一个事实：一家具有一定知名度的风险投资公司，每年收到的创业计划书是以百或者千来计算的，但是其投资项目一般都不超过个位数。也就是说，通常情况下，成功几率不高于百分之一。

第四，确实，有些除了商业计划之外一无所有的团队轻易融到了大笔的风险投资，这并不是什么谣言。不过，如果你仔细查阅一下这些团队成员的资料，你就会发现，这些人多半有在海外投资/金融机构或者国际著名公司从业的经历，或者在某一特定领域拥有广泛的人脉关系。也就是说，这些人并不是白手起家的。要知道，按照风险投资行业的规则，对于种子期的项目，"谁来做"远比"做什么"更重要。

这就是一些非常重要却往往被人忽略的事实。如果你真正理解了我上面说的话，你就应该明白，想打风险投资公司的主意是多么有挑战性的一件事。当然，这并不是说，你不应当与风险投资公司打交道。事实上，按照我的意见，每个创业团队都应当尽可能地争取与风险投资机构接触的机会——与专业的投资界人士接触，你可以学到许多有用的东西。只是不要指望他们能够轻易投钱给你。

世上从来没有好的项目会因为钱而搁浅

现在，你是不是觉得无所适从呢？你也许会问，我该去何处寻找我需要的投资？别急，办法总是有的，记住这样一句话："世上从来没有好的项目会因为钱而搁浅"——如果那真是个好项目的话。

我们能想到的最可行的办法就是自己凑钱——是的，你没有看错，我是让你自己凑一点钱。也许你会觉得很可笑，也许会义正词严地告诉我，你根本不可能凑够那么多钱，否则你也不会到处寻找投资——对，这些都对。但是，请你注意两点：

第一，在种子期使用自己的资金，可以避免在创业初期股权被过分地稀释。即使你不在乎未来的收益，但是决策权的分散也是很麻烦的一件事。另外，投入自己的钱，可以大大增强团队的凝聚力和拼搏精神，也会让你养成勤俭的习惯。

第二，也许你的计划需要很多钱，譬如说几百万，甚至几千万。你手头当然没有那么多钱可以用，但是，如果你有一个完善的项目实施日程表，你会发现，这些钱大多不是需要立即投入的——譬如说，广告宣传费用要等到产品开发出来之后才需要投入。那么，暂时这些开销就可以不予考虑。你要明白，你做得越多，获得投资人青睐的可能性就越大——一个产品雏形远比一份天花乱坠的计划书更有说服力。

当然，绝大多数情况下，到后来你还是必须得寻找其他的资金来源。这时，我们可以从以下几个方面着手考虑：比如私人投资、开展额外的业务、企业赞助、产权交易所、投资公司等等，这些知识，你懂的。

4 巨适合80后"屌丝"的创业项目

80后，一群充满激情与动力、迷茫与稚嫩的人，创业成为了他们的首选，那么对于这些80后，有哪些投资项目适合他们呢？通过我连日来走南闯北的奔波和网上网下的考察，现总结出七大最适合80后"屌丝"的创业项目。这些项目进入门槛低，经营简单，利润幅度大，稳定性强。诸位不妨一睹为快，择优选用。也免了自身的舟车劳顿之苦。

巨划算：加盟店接近零风险

近来，很多加盟企业推出了两项极为优惠的政策：

一是对加盟年限有了限制。好处是，投资者在经营中发现项目不适合自己，可以选择在经营期满后退出，不用支付任何违约金，不会像以前一样，要不支付较高的违约金，要不一条道走到黑，以失败结束。多数企业推出的年限约为3年。

二是加盟费上有优惠。如第一年加盟费用全免；减免加盟商常规物料托运费用；第二年加盟费、品牌使用费减半……大大降低了投资风险和创业门槛。目前这两种变化主要集中在餐饮、酒店、鞋帽、化妆品、礼品、洗衣、汽车服务等领域，优惠力度最大的当数餐饮、礼品和化妆品行业。

巨省心：自助售卖模式

最近，零售领域的经营模式出现一个重要变化，有近30个行业推出了自助售卖模式，如女性用品、酒店用品、街边饮品、汽车服务……其优势有两点，一是与传统零售模式相比，自助售卖Cye模式可以大幅降低房租、人工成本，通过节流方式，提升投资者的收入；二是投资者采取自助售卖模式，完全可以充当一个"甩手"掌柜的角色，省去了很多员工管理上的麻烦，让经营变得更加简单。目前这种自助售卖模式特别适合一二线城市，且计划从事社区商业的小投资者创业。

巨火爆：早教市场

在2011年的项目领域中，儿童教育异常火爆。截至2011年底，国内早教市场规模超过100亿元，比2010年同期增长了50%多，以早教项目之一亲子馆为例，据不完全统计，同期国内亲子馆数量超过千家。

除此之外，儿童教育在2012年还显示出以下特点：**第一，品种多**。据不完全统计，截至2011年10月底市场中约有近百种品牌，比2010年同期增加了1.5倍，而这些项目几乎涵盖了0~12岁儿童教育的所有领域。**第二，"大牌"云集**。截至2011年第三季度，近八成国际知名幼教品牌进入国内市场，如美格、伊顿等，比2010年同期增加1倍。**第三，风投新宠**。据不完全统计，截至2011年10月底，儿童教育领域已获国内近百家风险投资机构注资数百亿人民币，成为风投机构炙手可热的新宠之一。

目前比较适合80后最佳创业项目介入的有亲子园、亲子馆、思维课程培训、各类兴趣培训班等。

巨诱惑：小投资也能傍上大品牌

2011年不少大品牌企业在招商上出现两个变化，一是推出新的加盟费支付方法——分期付款，即投资者可以在6~36个月之间将加盟费付清（没有分期利息）即可；二是招商地区重点选在二三线城市，因为相对一线城市各项经营成本比较低，加盟店盈利几率较高。如2011年上半年国内连锁企业120强在二三线城市加盟店的销售额比一线城市高出100%。这种变化的直接影响是：第一，小投资者手中资金不足可通过加盟大品牌创业；第二，地理位置、经济地位相对不佳的二三线城市的投资者也能加盟大品牌，从而提升创业成功率。

目前这两种变化主要集中在餐饮、便利店、服装、家纺、鞋帽五个领域。

不过大多数小投资者首选的行业是餐饮，尤其热衷中等知名品牌，如小肥羊。

巨撩人：小本生意也能创富港澳台地区

2011年项目投资领域中最令人眼前一亮的变化，莫过于大量港澳台地区的企业涌入内地项目市场。据不完全统计，相关企业数量约三四百个，仅台湾地区就有一百多家。目前港澳台地区企业主要分为两类：

一类是招商企业（多以商业协会为主），专门招募内地投资者到港澳台地区投资，像香港地区，内地投资者只需要支付1999元就能获取营业执照。其好处是，手中有特色项目的小投资者均可以到港澳台地区一试身手，提供更多投资机会。

另一类是特许加盟企业，将港澳台地区的特色项目投放到内地市场，不过鉴于首次在内地市场"试水"，因此这些企业涉及的领域还比较窄，多以餐饮、教育、社区服务、汽车后市等内地市场较为成熟的领域为主。且投资规模不大，多以5万元以下以及10万至20万元的投资额度为主。其好处是，港澳台地区项目与内地同类项目相比，经营理念更为先进、项目特色更为突出、商业模式更为成熟以及经营风险相对较低，更加适合小投资者介入。

巨喜人："定制"风行项目圈

2011年项目圈里最热、最流行的一个词，非"定制"莫属，其分布在各个行业中，如礼品行业中的红酒定制、高端手机定制；农业种植业中的农产品定制……这种变化说明，在日益竞争激烈的商场中，个性化服务成为一个重要的竞争手段，而且这种方法可以使投资者的盈利水平大大提升。如厨卫销售领域中，橱柜定制已经开始成为一个潮流，国内橱柜销售基地——广州，已有近六成的销售商都开展了橱柜定制业务，仅靠定制业务可以使每月净利润平均提升约35%。

这么多的优惠，这么好的项目，真可谓海阔凭鱼跃，天高任鸟飞啊。你这只鸟到底能飞多高呢？看你的能力了。

5 与其在一个城市死守，不如换个城市高就

也有不少青年人之所以一直穷着，是因为他们受了地域限制，一谈机会一说发展，大家都挤破头往大城市跑，还有的同学是大学毕业后出于惯性理所当然地在那个城市找工作，上班。想返回家乡或者去别的城市发展的很少很少。基本上都延续着"在哪里上学在哪里就业"的思路。

这条路，未必对。

与其在胖子堆儿里充胖子，倒不如到瘦子堆儿里当真胖子。与其在一个城市死守，不如换个城市看看。

接下来我要讲的这个人并不是名校毕业、在某某发达国家留学深造过的建筑师。他只是一个以诚信为本为乡下人建造民房的包工头。说到这里也许有人会问：既然是包工头，为何要称之为建造师呢？这不是夸大其词嘛！且听我解释：其实他本人也不觉得自己是什么建造师。借他的话说，我只是帮乡亲们盖了几栋比较结实的楼房罢了。建筑师是当地老百姓给他的尊称。

他姓朱，大家习惯称他小朱，小朱是个曾经在北京某三流大学读书的东北人。大学毕业后，同学们都忙着往各大建筑公司海投简历找工作，而小朱却收拾行装回到了东北老家。父母问他为什么不在北京找工作，他的回答是——与其在竞争激烈的城市中徘徊倒不如回老家来发展，虽然机会没有大城市里多，但竞争也同样没有大城市里大。

其实他早就已经想好了，毕业后不在大城市找工作，回家乡干事业，他觉得这个职业的岗位竞争非常激烈，尤其在大城市，一些有名的建筑公司对人才的要求非常高，对于刚走出校园的新人而言，找到比较满意的工作是非常困难的事。所以，他决定回家乡去干事业，更适合自己。

回到家乡后，小朱并没有急于找事情做，而是骑着摩托车穿梭在乡镇，以及周边的一些村子中。早出晚归，一走就是一整天。家人都觉得这孩子行为怪异，可是小朱自己心里清楚得很，他一直在外读书，对当地的很多事情都不是

很了解。他是想多走走看看，尽量熟悉当地的建筑风格后，再开始开展工作。

小朱想从基础做起。他了解到，乡镇周边的很多村民都在筹建新房。农民赚钱非常不容易，他们都想花最低的钱建最好的房子。像这样的活儿，大一些的建筑队是不愿意接的，一是赚不到多少钱；二是他们嫌农民事儿多，总是参与建筑。于是有很多村民都在为此犯愁——盖房子是大事儿，尤其是盖楼房，让土瓦匠来建，着实有些不放心。小朱的经验虽然不是很丰富，但他的理论知识学得很扎实，再加上他通过父亲认识一些有多年建筑经验的朋友。他想如果能与他们联起手来，是有能力把这件事情做好的。

小朱找到了这些朋友，把自己的想法与几位一说，志向相同，一拍即合，大家决定一起干。

人员问题解决了，接下来要解决的就是资金问题。他计算了一下，干这件事需要20万元的启动资金。其实这点钱对小朱来说是很容易筹到的。他的父亲是个生意人，虽然生意做得不大，但给他解决这笔资金还是很轻松的。可他并没有向老爸开口，他不想让别人给他扣上"抱大腿"的帽子。于是他开始东借西凑，嘴皮子都磨破了才筹够了这笔启动资金。

接下来就要开始揽活儿了。小朱带着一颗真诚的心，走访那些要建新房的农民朋友。最初村民有些不相信眼前这个细皮嫩肉、看上去有些稚嫩的年轻人，但小朱没有气馁。为了让村民了解他，他把自己建筑方面的资格证书拿给他们看，并承诺，在购买建房材料过程中，由他们陪同，让他们看到每一分钱都花在哪里，还答应他们可以按照他们的意愿来设计建房，只要是合理的都会采纳。

最终，小朱用真诚打动了村民。第一栋房子还未建完，其他村民就纷纷来约，说房子只交给他来建造。

由小朱建造的房子，各个都漂亮、坚固。在一次洪水过后，许多房子都露出了建筑质量问题，甚至是倒塌，而小朱建造的房子全都完好无损。这源于他做事的认真，小朱因此而闻名乡里。从那以后，当地的村民都尊称他为最优秀的"建筑师"。

随着建筑队伍越扩越大，不少很有名的房地产开发商主动找上门来与小朱合作，几个工程下来，不到26岁的小朱，已经是百万富翁了！而他那些留在大城市发展的同学，仍然在朝九晚五地上班，挣的工资跟他差远了。

所以，大城市有大城市的好处，小城市有小城市的便利，发财的机会不见得都在人多且发达的地方，如果能根据自己的优势找对适合自己的平台，即使在边远的乡下，一样有大钱可赚。就在我写到这里的时候，刚刚接到一个朋友的捷报。我这个朋友是土生土长的北京人，大学毕业后没少折腾，干了不下五六个行当，依然未修成正果。去年秋天和朋友一起下郑州做生意，现在发财啦！

这条小清新的捷报是不是也能给你来点"脑震荡"？

6 创业有时需要"疯子精神"，越疯越神勇

我经常说，要想干大事，就得先发疯，不发疯根本迈不开步子。

赚钱更要疯。想当年我发誓要以赚钱为己任的时候，我就在卧室的天花板上贴了几个大字：一年赚够二十万！

当时有不少朋友都笑话我说：你是不是想钱想疯了呀！

基本上我都是大笑着说：哥白尼提出"日心说"的时候欧洲人说他是疯子，马云92年谈互联网时全国人民说他是疯子！100年前如果你说飞机，50年前如果你说手机，20年前如果你说互联网，你都会被骂成疯子。其实这个世界是由疯子主宰的，你信吗？所有成功者都是疯子。所有成功者都是把人们觉得不可能的事情变成可能的人。所以，一开始的疯子，后来都成了成功人士。

连想都不敢想的人那才叫可悲！

你要当个疯子，最好疯到认定自己天生就是亿万富翁才好。

　　周正宏的父母是普通农民，出身平凡的他没有受过高等教育，只读完了高中。

　　高中毕业后，周正宏到深圳闯荡。"我一直都在寻找机会，"周正宏说，"虽然自己没有什么优势，但每当我看到那些白手起家的富豪们的经历，我就会充满信心与动力。"

　　到深圳打拼的第二年，朋友的一家食品公司要转让，周正宏觉得这是个机会，就决定接手。

　　东借西凑后，周正宏终于筹够了转让费，接手了食品公司。

　　接手食品公司后，周正宏开始自发研制小咸菜，经过几个月的努力，他不断成功研发出了口味独特的泡椒咸菜，而且还通过了有关部门的检验，非常顺利地投向了市场。经过两年多的努力，周正宏的公司从6个人扩大到了120人的团队，他公司所生产的食品还打入了世界500强超市进行销售。年利润创造了行业的奇迹。

　　在一次电视节目录制中，当在场观众问周正宏是如何发财的，周正宏回答说："从一个高中毕业生身揣270元钱来深圳打拼到如今身价千万，我只用了三个方法：第一，充分认识自己。在刚来深圳的时候，我一度陷入迷茫，不知道做什么好，更没有人生目标。我把自己的性格特点、自己是怎样一个人、自己能做到的事情、自己的优势等与发展事业有关的问题通通写在了纸板上，然后我花了半个月的时间去思考我写下来的问题，当我逐一把这些问题分析清楚后，我的目标清晰了，有了使命感，我充满了动力。

　　"第二，从我决定创业那天开始，我就不停地对自己说：'周正宏，你将来一定是亿万富翁，你虽然没有高学历，但你有一点是和那些白手起家的富翁相同的——发财的决心。'我从来没有质疑过自己的能力，因为我知道人的大脑只是硬件，只要我不停地学习，把市场中最新的信息不断输入到自己的大脑中，我就可以跑在别人的前面，占据市场优势。

　　"第三，当我遇到困难的时候我会让自己跳出惯性思维，我会从另外一个角度去看问题。我会把自己想象成比尔·盖茨、巴菲特、李嘉诚或马云……我会站在那些伟大的成功人士的角度来分析问题。我会想：如果我是比尔·盖茨我会怎么做，如果我是巴菲特我该怎么做，如果我是李嘉诚我会怎么做……最后得出的结果几乎是一致的、正确的。当然，这还需要平时多读书，多收集有关于那些成功人士的信息，然后结合自己的实际情况下决定，这样才会做出准确的判断。"

一个高中毕业卖咸菜的人居然有如此大的野心，发疯到如此地步，他可能不成功吗？那么，在这里我想问你：当你遇到困难的时候你是以哪种思维模式思考的？你会和周正宏一样把自己想象成世界首富来寻找解决问题的方法吗？还请你认真思考这两个问题。如果你真的能琢磨透的话，你一定会受益匪浅。

人皆可以成尧舜，每个人都有可能是亿万富翁。所有人都是光着屁股、脑袋空空地来到这个世界上的，你没有成功是因为你不够疯狂，不够执著，没有按照亿万富翁的高度和思路去想，没有把那些助你发财的方法放进自己的脑袋里。所以说，你现在要思考一下，你比别人傻吗？你比别人笨吗？如果不是，那就赶快行动起来，你可以按照周正宏交给我们的三点方法去做，如果你做到了，你一定会有巨大的改变。

从某种意义上说，疯子精神+蚂蚁行动（脚踏实地的行动）=亿万富翁。对了，忘了告诉你了，我的疯子精神也开花结果了，自从我在天花板上贴了那张"大字报"后，我一年的收入等于以前五年的收入！

所以说，疯狂的欲望加正确的思维，并按照正确的思路去加以努力，成功将指日可待。

7 人生难逃一场豪赌，现在就开张

你是穷人，你也有紧迫感和危机感，你有积极性，你很想尽快改变自己的贫穷面貌。但是，你迟迟不敢行动，因为你内心的恐惧，你从来没有独立把握过自己的命运，也没有商业运作的经验，就像一个从来没用过电脑的人，生怕一按键盘就把电脑敲坏，或者一上网就会遭遇病毒。

事情其实并没有那么可怕，对于恐惧电脑的人来说，最重要的就是插上电源，开机！而对于想要创业的穷人来说，什么也别想，什么也别怕，干起来再说！

你不要等

"人生不能像做菜，把所有的料都准备好了才下锅。"实际上，人生这锅菜所需要的作料你永远都准备不完。干任何事都是需要条件的，而使这些条件具备往往会耗费许多精力，拖延很长时间，有时还没等到条件成熟，周边环境就已变化，旧条件没达到，新问题又冒出来，也就是说，旧"料"刚备齐，新"料"的需求又出来了。如果你想等，穷其一生也无法完美，结果还是下不了手，最终不了了之。人生这锅菜你一次都没做过！这是人生最大的悲剧——你失去了认识自己是谁的机会。

你不要怕

刚参加了一个企业界的顶尖精英聚会，席间聊到为什么职业经理人很少成大老板？大家各抒己见，其中一个朋友答道：职业经理人都是高智商，高情商，但老板往往是胆商第一。

朋友的话一出口，大家拍案叫绝！这话说得一点不错，职业经理人因为高情商、高智商，做事往往想得特别通透，难免畏首畏尾。而这种行事风格，只会使好机会擦肩而过。

海尔总裁张瑞敏先生说："如果有50%的把握就上马，有暴利可图；如果有80％的把握才上马，最多只有平均利润；如果有100%的把握才上马，一上马就亏损。"

在现代社会，不敢冒险就是最大的冒险。没有超人的胆识，就没有超凡的成就。胆商是使人从优秀到卓越的最关键的一步。

回头看看当初读书的同学，你会发现，成绩最好的，可能进入社会混得很差；成绩很差，胆大的，却混得风生水起。这不是中了魔咒，也不是被施了巫术，而是自然而然的结果。无知者无畏，他们只是遵循内心的直觉，执著于一念，专注于一事，就像一生只拿一把铁锤，砸一根钢钉，定位一个点发力，纵是铜墙铁壁，也必定会被洞穿。

你要愿赌服输

人生在世，竞争无时不有，风险无处不在，我们时刻面临着选择，而选择本身就意味着赌注。你以为你只想岁月静好现世安稳就不需要冒险，不需要奋斗，不需要赚钱？如果你只希望在风平浪静的日子收获小富即安，也许只有梦中才存在。

既然不得不赌，与其盲目地被人挟持着赌，不如乐观主动地去赌。一个智慧主动的赌徒总比那个被动盲目的家伙胜算的可能性要大。

机会不是等出来的，是干出来的，不干永远没有机会。干起来再说，边干边寻找机会，边干边创造条件，边干边修正错误，边干边完善不足。只要大方向是对的，也许最初看起来没有希望的事，最终就有了好的结果。

人生难逃一场豪赌，现在就开张！

早一天开张，早一天辉煌！